발칙한 성교육,
학교를 품다

발칙한 성교육, 학교를 품다

(행복한 성교육을 위한 교사 공감 프로젝트, 굿바이 '착한 성교육')

[행복한 교과서®] 시리즈 No. 44

지은이 | 최현정
발행인 | 홍종남

2019년 8월 26일 1판 1쇄 인쇄
2019년 9월 3일 1판 1쇄 발행

이 책을 만든 사람들
책임 기획 | 홍종남
북 디자인 | 김효정
교정 교열 | 김윤지
제목 | 구산책이름연구소
출판 마케팅 | 김경아

이 책을 함께 만든 사람들
종이 | 제이피씨 정동수 · 정충엽
제작 및 인쇄 | 천일문화사 유재상

펴낸곳 | 행복한미래
출판등록 | 2011년 4월 5일. 제 399-2011-000013호
주소 | 경기도 남양주시 도농로 34, 부영e그린타운 301동 301호(다산동)
전화 | 02-337-8958   팩스 | 031-556-8951
홈페이지 | www.bookeditor.co.kr
도서 문의(출판사 e-mail) | ahasaram@hanmail.net
내용 문의(지은이 e-mail) | julreyet@gmail.com
※ 이 책을 읽다가 궁금한 점이 있을 때는 지은이 e-mail을 이용해 주세요.

ⓒ 최현정, 2019
ISBN 979-11-86463-44-4
〈행복한미래〉 도서 번호 075

발칙한 성교육, 학교를 품다

| 최현정 지음 |

행복한미래

지금 당장, '착한' 성교육을 버려라

책 첫 장을 펼치고 첫 문장을 읽어 내려갈 때 느낀 첫 감정은 어땠나요? 첫 키스의 설렘 같기를 바란다면 발칙한 생각일까요? 원래 우리의 성은 가슴 뛰고 즐거운 것이 되어야 하기에 조심스럽게 한마디 내뱉습니다. 발칙함을 담은 성교육이 가능한지 많은 분이 궁금해 합니다. 대한민국 성교육은 이제부터라도 발칙할 수 있어야 합니다. 그래서 착하기만 했던 성교육을 과감히 버리고, 확연한 변화를 이끌며 큰 걸음으로 나가야 할 때입니다. 유교 사상은 여전히 대한민국 교육 안에서 유효합니다. 성교육을 한다는 자체가 발칙한 시도였습니다. 성은 부끄럽고 은밀하게 교육해야 한다는 우리만의 집단 무의식이 있었습니다. '왜 그래야 했을까?'라는 물음조차 하지 않았다는 사실에 필자 역시 놀랐습니다. 이래서 주입식 교육이 무섭습니다. 엄마가 되어 가면서 성이 얼마나 고귀하고 아름다운지 비로소 깨달았습니다. 성은 소중하며 결코 감추어야 할 것이 아니라는 확신이 생겼습니다. 현장에서 교육하면 할수록 지켜 내는 것에만 급급했던 교육을 이제는 벗어나야 한다는 생각이 들었습니다. 우리 모두에게 행복한 성을 추구하도록 돕는 것이 가장 인간다운 교육의 시작이라는 믿음을 갖게 되었습니다. 대한민국 성문화에 '지킬 것은 지키고 누릴 것은 누리자!'라는 명확한 의식이 자리 잡히길 바랍니다. 발칙하지만 썩 괜찮은 대한민국 성교육의 흐름에 필자 역시 숟가락 하나 얹어 봅니다. 지금도 청소년에게 피임에 대한 성교육을 한다고 하면 항의 전화를 하는 사람이 많기에 더욱더 의지를 불태웁니다.

성폭력 생존자로 누구보다 성을 감추고 싶었고, 치욕스러웠던 때가 있었습니다. 그렇게 고달프게 살던 필자가 이제는 당당하고 솔직하게 성을 이야기합니다. 그것도 모자라 성교육은 모든 교육의 기본이라고 말하고 다닙니다. 대한민국에서 성교육 관련 책을 출간할 수 있다는 것이 감사하고, 거기에 동참할 수 있어 신이 납니다. 필자의 움직임이 누군가에게는 희망이 되고 살아가야 하는 이유가 될 수 있음을 아니까요. 가끔은 뚜벅뚜벅 걸어 보기도 합니다. 성폭력 생존자는 어둡고 불안함 속에 숨어서 산다는 사람들의 고정 관념을 변화시키고 싶었습니다. 필자가 먼저 누구든지 행복한 삶을 선택할 수 있다는 것을 보여 주고자 잰 걸음으로 걸어갈 때도 있습니다.

어느덧 딸 둘과 아들 하나를 둔 삼남매 엄마가 되었습니다. 여전히 아이들 앞에 설 수 있는 기회가 생기면 마다하지 않습니다. 예전과 다르게 더 많은 아이가 눈에 들어오기 때문입니다. 지나가는 아이들 미소가 우리 삼남매가 짓는 미소 같아서 더 크게 웃음을 짓습니다. 때로는 청소년들이 흘리는 서러운 눈물이 마음을 크게 도려내기도 합니다. 육아 관련 책을 출간하고 학부모들 앞에 서서 강의하니 그들의 고민을 모른 척할 수가 없었습니다. 그래서 서둘러 숙제를 해야겠다는 조급함을 느꼈습니다. 여러 직업을 가진 다양한 사람의 목소리를 듣다 보니 제일 중요한 곳이 바로 교육 현장이었습니다. 교사와 학부모의 성교육에 합을 맞추어야 교육 목적이 분명해집니다. 함께 올바르게 교육할 수 있는 아이디어가 무수하게 많이 생길 수 있습니다. 기존처럼 각자 방법대로 고수한다면 청소년들은 더 이상 관심을 두지 않습니다. 그래서 발칙한 성교육을 시작하게 되었습니다.

"어디서 그렇게 발칙한 생각을 꿈꾸느냐?"

조선 시대였으면 필자가 제일 먼저 잡혀갔을까요? 그래도 괜찮습니다. 그동안 성 역사를 보면 상상도 못할 정도의 발칙함도 있었고, 때로는 지금보다 더 개방적일 때도 있었으니까요.

세계적으로 이미 발칙한 성교육 물결은 시작되었습니다. 파도가 치면 그 파도에 올라타서 파도타기 한번 하면 되지 않을까요? 여럿이서 함께 타는 파도타기는 더 재미있고 스릴이 넘칩니다. 교사와 함께라면 얼마든지 해 나갈 수 있다고 확신합니다.

청소년 성 문제를 들여다보니 성폭력 치유 프로그램으로 살릴 수 있었던 친구들도 있었고, 성교육만 제대로 받았으면 가해자가 되지 않았을 친구들도 있었습니다. 더 이상 서로를 배려하지 못하는 성교육 때문에 상처를 주는 일이 생기지 않도록 늘 경계하리라 결심했습니다. 때로는 학부모 입장에서 글을 쓰기도 했습니다. 교사 마음이 학부모 마음과 같을 때가 많으므로 가정과 교육 현장의 연계가 중요하다는 것을 몸소 깨달았습니다.

'섬마섬마'라는 감탄사가 있습니다. 어린아이가 따로 서는 법을 익힐 때, 어른이 붙들었던 손을 떼면서 내는 소리입니다. 우리 대한민국의 성교육 현장에서 필자를 비롯한 많은 사람이 내고 있는 긍정 감탄사라고 생각합니다. 필자에게 무한한 가능성을 열어 준 동료들과 선생님들, 밑도 끝도 없는 신뢰를 보여 주는 우리 삼남매 덕분에 책을 쓸 수 있었습니다. 또 필자의 상처가 덧나지 않도록 사랑으로 예방해 준 남편 이제영 님, 고맙습니다. 세상에는 멋진 남성이 더 많다는 것을 알려 준 동생 최복현, 임민창도 생각나고, 필자의 상처가 치유될 수 있다는 것을 교육 현장마다 증명해 주신 이대성 대표님과 임세정 원장님, 선생님들께 감사의 마음 전합니다. 필자가 어디에서든 당당한 엄마가 될 수 있도록 아이들을 함께 키워 주시고 옆에서 늘 응원해 주시는 우리 어머님들, 아버님들 덕분에 힘이 납니다. 필자와 함께 존재하고 생각으로 말로, 행동으로 안부를 물어 주는 모든 분께 고맙고 또 사랑한다는 말을 전합니다.

필자가 쓴 원고를 보고 먼저 청소년들의 성에 대한 고민을 함께 짊어지자며 손 내민 출판사 대표님, 고맙습니다. 그리고 책이 세상에 나올 수 있도록 필자 가슴속 깊은 곳에 감춘 보화들을 꺼내어 준 많은 친구에게 진심으로 감사하다는 말을 전합니다.

지금 당장, '착한' 성교육을 버리고, 행복한 성이 될 때까지 '발칙함'을 거두지 말기를 부탁합니다.

차례

1부

성교육을 리뉴얼하다

4부

대한민국 최고의 성교육 선생님은 교사입니다

5부

성교육, 부모와 아이들의 교감이 시작된다

1부

성교육을 리뉴얼하다

1

대한민국 성(性)을 말하다

"선생님, 학교에서는 왜 현실에 맞는 성교육을 하지 못할까요?"

이 질문은 학부모, 청소년, 교사 중 누가 더 많이 했을까요? 정답은 '모두'입니다. 학교에서는 교육 현장이나 실제 상황에 바로 적용 가능한 성교육을 심도 있게 하지 못하는 것이 현실입니다. 그래서 답답한 속내를 털어놓습니다. 성교육 전문가를 초빙해서 교육 지침대로 성교육을 했는데도 말이죠. 학부모는 학교에서 실시한 부모 성교육은 이론일 뿐 실제 가정에서는 큰 도움이 되지 않는다고 이야기합니다.

가정에서는 자녀가 정상적인 발달 행동 중에 겪는 과정인데도 문제 행동이라며 많이 걱정합니다. 그 대처(對處) 방법론으로 성교육이 직접적인 해결책이 되리라고 기대했던 것입니다. 그래서 일반적인 이론과 성폭력 예방 교육에 집중하는 성교육은 마음에 와닿지 않습니다. 필자도 엄마가 되고 보니 이론으로 배운 성교육을 적용하기가 쉽지 않았어요. 아빠를 비롯한 가족이 동참해야 하는 부분도 있었습니다. 자녀 형태에 따라 다르고, 위성 가족일 때는 조부모님 영향도 컸습니다. 물론 한 부모 가족과 다문화 가정 등도 빼놓을 수 없지요. 이런 다양한 상황에서 모든 사람은 성교육 정보를 알 권리가 있다는 것을 강조하고 싶어요. 국제 사회에서 평등한 성교육을 규범과 정책으로 명시하고 있다는 사실조차 모르는 학부모가 많습니다. 모든 사람에게 성교육이 인권을 신장하는 일이라는 인식의 변화가 급선무입니다. 그 역할을 교사인 우리가 담당해야 하는 것은 자명한 일입니다.

요즘 청소년은 '성'이라는 용어 자체를 궁금해 하지 않아요. 궁금한 용어는 직접 인터넷 검색으로 찾아보니까요. 이제는 성과 관련한 모든 이슈가 자신들에게 어떤 영향을 미치는지에 더 관심이 있습니다. 성폭력을 머리로는 알지만 실제로 거기에 노출되어도 인지를 못할 때가 더 많아요. 사춘기 청소년은 인지 부조화 상태에 놓여 있어 혼란스러울 거예요. 그래서 정확하게 알려 주어야 해요.

성에 궁금증이 있는 청소년은 유튜브 같은 동영상 공유 서비스나 소셜 네트워크에서 원하는 정보를 얻습니다. 문자로 정보를 검색하던 세대가 아닌 미디어를 통해 생생한 실물로 간접 경험을 하고 있는 세대입니다.

더 나아가 키보드 검색이 아니라 음성 검색을 하는 세대입니다. 손을 대지 않고 음성 명령어로 정보 검색을 하기 때문에 대상의 이해, 재생, 재조합의 능력이 어른 세대와 확연히 다릅니다. 게다가 정보 변화는 속도를 측정할 수 없을 만큼 빠르죠. 그래서 세대 차이가 더욱 극대화될 수밖에 없습니다. 교실에 앉아 교사에게 배우는 것보다 미디어로 직접 궁금증을 해결하는 것에 더 흥미를 느낍니다. 불행인지 다행인지 모르지만 실제로 교육 효과도 어떤 측면에서는 더 높게 나타납니다. 교사로서 면대면 역할도 줄어들고 존재감도 줄어든 것이 현실입니다.

교권이라는 말이 예전에는 힘이 갖는 권위라고 생각했다면, 이제는 법으로라도 지켜 주어야 할 최소한의 권리가 되었습니다. 아동의 권리처럼 말이죠. 교육 방향을 바로 세우고 명확한 목표가 필요한 시점에 서 있어요. 모든 변화의 중심에 성교육이 있다고 생각합니다. 우리나라가 혼란을 겪고 있는 이유 중 하나가 성교육을 중요하게 여기지 않았기 때문이에요. 입시가 곧 학교의 최종 목표인 것처럼 교육 방향이 흘러가기 때문이라는 우려의 목소리가 큽니다. 지금까지 꾸준하고 체계적으로 성교육을 실시한 적이 없다고 해야 할까요? 인권이라는 천부적인 권리를 선언하고 지키는 세계적인 노력을 기울이는 이때, 성을 제대로 이해하지 못하니 혼란을 빚고 있어요. 미투 운동을 맞이하자마자 백래시(반발 심리) 현상에 당황하고 있으니 말입니다. 그래서 더 이상 덮어 두거나 지체할 수 없는 상황입니다.

필자는 어른을 대상으로 "성이 무엇입니까?"라는 질문을 자주 합니다. 남성의 성기와 여성의 성을 지칭한다고 대답하며, '성관계'라고도 말합니다. 이론적으로는 설명할 수 있지만 말로 설명하려니 곤란하다고도 말하고요. 대부분의 어른이 대답할 때 얼굴을 붉혔습니다. 헛기침을 하면서 잘 모르는 부분이니 그만 물어보라며 화도 내더군요. 대기업에 다니던 한 남성은 남녀와 관련한 모든 것이라고 대답했어요. 성의 목적은 아이를 낳고 잘 사는 것이라고 이야기하던 중년 여성도 있었습니다. 청소년은 필자에게 이렇게 반문하기도 합니다. "선생님, 진짜로 성이 뭐예요? 도대체 정확한 답을 찾을 수가 없어요."라고 말입니다. 결혼하면 다 알게 된다고 생각하는 대학생도 있었습니다.

성이 무언지 잘 모르기 때문에 지금처럼 여성 혐오와 남성 혐오 분위기가 형성되었습니다. 어른들이 제대로 이해하지 못한 성 개념 때문에 분리와 분열이 시작되어 버린 것입니다. 본래 하나에서 나왔고, 궁극적으로 하나가 되어야 하는 성을 이렇게 자꾸 나누기만 해서 문제가 되어 버린 것입니다. 성별의 나뉨이 처음 겪는 다름의 시작이었고, 남성의 성이 다름을 인식할 수 있는 것은 나의 성 정체성을 생각하기 시작했다는 신호이기도 합니다. 남성이 있기에 여성이 있고, 여성이 있기에 남성이 있습니다. 다름을 알려 주는 첫 시도가 바로 성교육입니다. 다름을 인정하고 서로의 부족한 점을 채워 주고 하나가 되는 것이 결국 사랑의 본질이 아닐까요? 내가 태어나고 이 세상에 존재하는 이유는 바로 남녀의 성이 존재했기 때문입니다. 지금껏 성을 부끄러워하고 위협하고 협박하며 감추었던 세대를 살아왔습니다.

개방적인 성문화가 선진국이라고 불리는 나라에서만 가능한 일은 아니에요. 청소년의 행복 지수가 높고 성폭력과 미혼모 발생률이 낮은 나라는 자세히 들여다보아야겠죠? 대한민국은 큰 격변기에 접어들었습니다. 말 그대로 여러 분야에서 산고의 고통을 겪고 있습니다. 필자 관점에서는 제대로 변화하려는 몸부림처럼 보여요. 그렇기 때문에 최대한 신중하면서 과감하게 결단을 내려야 한다고 생각합니다.

대한민국 성은 괜찮습니다. '괜찮지 않음 속에 괜찮은 것이 무엇인지' 깨달았기 때문입니다. 무엇이 잘못되었는지 실수하면서 배우고 있기 때문입니다. 다른 나라가 하니까 따라 하는 성교육이 아니어야 해요. 우리나라 의식 수준을 높이는 성교육으로 방향을 잡고 다듬어 나가면 됩니다.

성교육은 지식의 전달만으로는 한계가 있습니다. 성을 교육하는 사람들의 가치관이 고스란히 반영되기 때문입니다. 성은 살아 있는 생명처럼 교육자의 말투, 눈빛, 행동 하나하나가 세밀하게 반응하는 살아 있는 교육입니다. 생명력 있는 성을 소중하게 담을 수 있는 교사가 되어야 합니다. 기존 방식을 조금씩 고쳐 나가는 것에는 한계가 있습니다. 가장 확실한 방법은 성 인식 자체를 변화시키는 수준 있는 성교육으로 '리뉴얼'하는 것입니다.

2

성교육: 현실 따로? 교육 따로?

길을 걷다 뮤지컬 광고 현수막을 보았습니다. '우리끼리 솔직하고 야한 이야기'라는 글귀가 초등학교 앞에서도, 고등학교 도로 옆에서도 선명하게 눈에 들어 왔어요.

학생의 보건·위생, 안전, 학습 환경을 보호하려고 「교육환경 보호에 관한 법률」로 교육 환경 저해 행위 및 시설을 원칙적으로 금지합니다. 그런데 문화 공연에서 성적 표현은 괜찮다고 생각해서일까요? 성에 대해 궁금하게 해 놓고 물어보면 당황해 하는 아이러니한 상황입니다. 성에 대해 어디로 가야 하는지 안내 표지판은 세워 주지 않은 채 마음대로 가면 문제라고 말합니다. 모든 생명체에는 자연 그대로 두면 간섭하지 않아도 되는 본능이라는 선천적 의지가 있습니다. 본능에 이끌려 가면서 살아가도 생존하는 방법을 스스로 터득하게 되죠. 가장 자연스러운 발달이면서 인간의 삶을 주도해 나가는 원리이기도 합니다. 자연 속에서 경험으로 지식과 지혜를 배울 수 있기도 하고요.

우리가 교육이라는 이름하에 행하는 모든 것에는 목적이 있습니다. 시대의 지식에 따라 방향성을 제시하고 그것을 따라오라고 안내하는 것이 교육입니다. 강압적인 주입식 교육에서 벗어나 지혜를 중점으로 아이들을 가르칠 수 있는 시대를 맞이했습니다. 지식과 정보의 앎을 넘어서 삶의 지혜를 깨닫게 해 주는 것이 진정한 가르침이라는 것을 교사는 잘 압니다. 그래서 '있는 그대로 존중하자'는 말이 서 있을 자리를 잡게 되었어요. 필자 역시 그 말이 참 해답이라고 생각합니다. 모든 순간을 있는 그대로 한번 자세히 바라보려고 노력하고 있어요. 성에 대해서도 있는 그대로 알아보고자 머릿속도 텅텅 비웠습니다. 사랑하는 사람과 하는 성관계보다 더 삶의 경험에서 밀도 있고 짜릿한 체험이 있을까 하는 생각이 들더군요. 그때의 성은 정말 매력적이거든요. 우리가 고귀한 생명으로 태어날 수 있었던 원인이기도 하고요. 성을 모두 부정하는 것은 결국 우리의 존재 일부를 부정하는 것이에요. 생명을 멸시하는 일이라는 것도, 자존감을 망가뜨리는 일이라는 것도 감지해야 합니다. 어떤 이유로 성을 등한시하게 되었을까요? 끊임없이 질문하면서 우리의 성에 대해 무엇을, 어떻게 기억하고 있는지 살펴보아야 합니다. 먼저 대한민국 성교육의 속사정을 들여다볼까요?

성의 세계사라는 것에 비추어 먼저 살펴볼게요. 역사 또한 민족의 고유한 관점이 있기 때문에 각기 다르게 인식된 세계관을 만들어 냅니다. 그래서 받아들이는 관점에 따라 역사적 사실에 다른 평가를 내립니다. 대한민국 역사를 평가할 때도 우리 관점에서, 다른 나라의 역사를 평가할 때도 우리 관점에서 합니다. 일본에서 식민지 시대를 어떻게 평가하는지 보면 잘 알 수 있어요. 그래서 판단하거나 평가하는 것을 배제한 상태로 성 역사의 일부분을 이름으로 나열해 볼게요

고대 인도의 『카마수트라』는 성적 요가 수행을 중시했어요. 150여 개의 성적 기교를 정리해 놓았죠. 인도에서 종교적으로 가장 찬란할 때 기록한 모습이라는 사실이 역설적입니다. 또 중국 당나라 현종은 '개원의 치'라는 훌륭한 업적을 쌓고 풍요와 윤택이 넘치는 태평성대를 이끌었습니다. 그 찬란한 역사의 한편에서 후궁에는 귀아원(貴兒院)이라는 성애 기교를 가르치는 교습소가 있었는데, 당시 유명했던 양귀비가 이곳 수석 졸업생입니다. 중국에서 양귀비와 전족은 성적인 아름다움을 상징하기도 합니다. 또 종교의 권위로 시행한 마녀사냥의 참혹함도 외면할 수 없는 역사적 사실입니다. 19세기 영국에서는 예비 시어머니가 신부의 알몸을 보고 혼전순결을 파악했어요. 현대의 킨제이 보고서는 세계적으로 성 인식을 변화시킨 계기가 되었습니다.

성의 역사를 살펴보면, 지금 관점에서는 납득할 수 없는 개방성과 폐쇄성을 동시에 갖고 있어요. 역사적으로 성문화를 살펴보는 기회를 가져 보세요. 성을 명명하게 바라볼 수 있는 관점을 기를 수 있습니다. 당시 시대가 갖고 있는 관념의 총체가 성 인식에 가장 잘 포함되어 있기 때문입니다. 각자의 생각대로 역사의 관점도 살펴보고 나아가 성 고

정 관념도 살펴볼 수 있는 기회가 될 수 있어요. 청소년들과 이를 토대로 다양한 이야기도 나눌 수 있고요. 역사에서 객관적인 입장으로 성을 배우는 것이죠. 이미 일어난 사실이고 진실이기 때문에 아이들의 시야를 넓힐 수 있어요. 개방적인 성교육이 오히려 아이들을 자극하고 망친다는 생각을 하는 사람이 많습니다. 성교육 기관을 신고하기도 하고 교사에게 모욕도 서슴지 않죠. 성교육이 아이들에게 호기심을 불러일으킨다는 관점에서 보면 맞는 말이기도 하죠. 하지만 우리는 아이들에게 교육받을 권리를 알려 주어야 합니다. 학생들에게 성교육이 왜 필요한지 누가 묻든 분명하게 설명할 수 있어야 합니다. 그들이 스스로를 방어할 수 있도록 수시로 가르쳐야 합니다.

개방적인 성교육이 필요함에 따라 성문화센터 등 전문 성교육 기관에서는 피임법을 비롯한 다양한 성교육을 시행하고 있어요. 청소년은 물론 어른도 성에 대해 교육을 받고 토론도 할 수 있어요. 하지만 교육에도 극단적인 정보의 양극화가 존재해요. 성교육이 왜 필요한지 전혀 인식을 못하는 사람이 많다는 것이죠. 스쿨 미투로 학교에서 성교육이 얼마나 중요한지 여실히 드러나고 있는 이 순간에도 말이죠.

대한민국에서 왜 성교육이 현실적인 요구를 뒷받침하지 못하는지 그 속사정이 있어요. 교육에 정치적인 목적을 포함해서 이해관계가 얽혀 있기 때문이에요. 보수와 진보라는 두 가지 양극단으로 교육 방향을 정하고 찬반 논란을 내세우는 것은 이제 그만두어야 합니다. 원래 교육은 후퇴할 수 없는 것이 특성이에요. 이미 축척해 온 토대 위에 새롭게 대체할 수는 있어도 무너질 수는 없는 것이 지적 진화입니다. 한 고등 학생은 일부 어른이 보수는 '머무름'이고 진보는 '나아감'이라고 한정 하는 것에서 문제가 생긴다고 말했습니다. 필자 역시 부정할 수 없었습 니다. 보수의 뜻이 '보전하여 지키는 것'이기에 잘못된 습관과 전통이 아닌 진정한 교육의 본질이어야 해요. 반대로 진보는 '역사 발전의 합 법칙성에 따라 사회 변화나 발전을 추구하는 것'이라고 정의합니다. 그 렇다면 성교육 정도와 의식 수준이 따라가도록 진보를 이루어 나가야 하겠죠.

대한민국 성교육의 속사정을 들여다볼 수 있는 용기가 필요합니다. 성교육을 더 이상 현실 따로, 교육 따로 분리하면 안 됩니다. 개방적인 성교육을 하는 선진국인 덴마크와 스웨덴을 비교해 보면 알 수 있습니 다. 무엇이, 어떤 점이 우리와 다를까요? 우리의 태도일까요? 우리가 성을 다루는 방식일까요? 교사는 끊임없이 미래를 내다보며 질문해야 합니다. 10년 뒤 대한민국 성은 어떨까요? 또 쉬지 않고 과거에서 배울 점은 없는지 들여다보아야죠. 그래서 배울 점이 있으면 놓치지 않고 다 시 현재로 가져와 학생들에게 가르쳐야 합니다. 그것이 교사의 역할입 니다. 이른바 '팩트 체크'라고 하는 검증도 놓치지 말고요.

교육자 입장에서 개개인의 내면 성장을 예측하거나 평가하기는 어 렵습니다. 성교육이 효과를 거두었다고 체감할 수 있는 수치가 성문제 행동의 감소라고 말하는 관점도 안타까운 부분이에요. 교사와 학부모 가 생활 속에서 스스로 자문하고 아이들에게도 자꾸 질문하는 수밖에 없어요. 우리 아이들이 자기결정권을 갖고 자신과 타인에 대한 올바른 이해관계를 구축해 나가는 모습을 그려 보면 희망이 생깁니다. 한 사람의 성숙된 성 의식이 여러 사람에게 미치는 영향력을 충분히 가늠해 볼 수 있기 때문이지요.

3

굿바이! 성교육

"스쿨 미투와 관련하여 학생, 학부모, 여성단체, 교사 등으로 구성된 대책위원회가 만들어지고 대책 회의가 곳곳에서 열리고 있습니다."

학교는 물론 각계각층에 성폭력이 만연하여 있다는 뉴스 기사를 봅니다. 요즘 학교 안팎으로 일어난 일들로 힘들고 곤란할 때가 많습니다. 지금 책을 읽는 독자도 다르지 않다고 생각합니다. 필자 역시 부모로서, 교사로서, 여성으로서 여느 때보다 힘들고 아픈 시간을 보내고 있으니까요. 아이들이 힘든 상황을 진작부터 알고 있었지만 힘이 되어주지 못해서 속상합니다. 우리가 먼저 예민하지 못했던 잠재적 피해자였기 때문에 공감할 수밖에 없어요. 학교 다닐 때, 몇몇 교사에게서 비일비재하게 보았던 행동들입니다. 이런 일들이 성추행인지조차 인식하지 못했어요. 학교를 졸업하고 세월이 흘러 잊고 살았고요. '지금까지 알면서도 혹여 방치하지는 않았나?'라는 생각에 곤혹스럽습니다. 또 다른 가해자들을 만들도록 방관하지는 않았는지, 학부모들을 만났을 때 왜 먼저 나서서 이야기하지 못했을까 하는 많은 고민과 물음이 있는 요즘입니다. 대한민국 전체에 만연했던 곪은 상처들이 터져 버렸어요. 이제는 고름이 다 흘러나올 때까지 조금 기다려야 합니다. 급하게 다시 덮어 버리면 안 됩니다!

필자가 할 수 있는 일은 하던 일을 멈추지 않고 더욱 굳건하게 해내는 것이겠죠. 이제 학교에서 학교 폭력 예방 교육을 진행할 때는 도입부터 차분히 진행해야 해요. 어떻게 진행하느냐에 따라 교실 분위기가 달라질 수 있거든요. 성폭력 예방과 피해 이야기를 중점적으로 하기 때문에 분위기가 자칫 무거울 수 있어요. 교육 현장에서도 직접 아이들과 대면해서 성폭력 이야기를 꺼낼 때 아이들의 눈빛이 예민하게 반응함을 느낀다고 말해요. 어딜 가나 마찬가지예요. 이런 상황에서 스쿨 미투 운동까지 시작했죠. 언론의 지속된 노출과 성별 대립을 부추기는 사건들에 아이들이 극도로 예민해졌어요. 이제는 무거운 학급 분위기가 아닌 무서운 학교 분위기가 되었어요. 예비 가해자와 피해자가 되지 않으려는 눈치 싸움도 생겼고요. 여성 혐오와 남성 혐오 발언도 거침없이 오고 갔어요. 성폭력 예방을 위한 성교육이 성별 싸움을 불러낸 결과가 되어 버렸어요. 남성들만 있는 학교는 학교대로, 여성들이 있는 학교는 학교대로 저마다 복잡한 양상을 보이고 있어요.

불과 몇 년 전까지만 해도 미혼인 교사를 중심으로 성에 관련한 질의나 상황을 마주하는 시간이 어렵다고 느꼈지요. 이제는 남학생들의 백래시 현상에 마치 부부 싸움을 지켜보는 여성 입장이 된 것 같다고 합니다. 성교육 전문 강사들도 다른 측면으로 진화에 힘쓰면서 그토록 강조했던 성교육의 중요성이지 않느냐며 깊은 탄식을 해요.

성폭력 가해자로 진심 어린 사과를 하며 선처를 구하는 교사도 있지만 잘못을 인정하지 않은 채 아이들을 마주하고 있는 교사도 아직 많습니다. 인정을 하지 않으니 여학생들을 위한 학교가 없다고 외치는 것도 잘못된 외침은 아니겠지요. 성에 대한 진지한 분위기도 걱정이지만, 가볍게 생각하는 분위기도 적응이 쉽지 않겠죠. 교단에서 정확한 신체 부위의 명칭과 성 관련 용어를 아이들 눈을 쳐다보면서 자연스럽게 이야기할 수 있는 교사는 그리 많지 않습니다. 당연합니다. 교사조차 제대로 된 성교육을 받은 전례가 없지 않습니까? 우리는 학생일 때 이런 교육을 받은 적이 없습니다. 커튼을 친 어두운 교실에서 아이를 낳는 장면을 보는 것이 성교육의 전부였으니까요. 지금까지는 아이들이 어떤 느낌인지 알 수 없다가 아이들의 목소리가 쌓여 참고할 만한 정보들이 생겼지요. 개방적인 성교육에 대해 오히려 아이들이 더 자연스럽게 반응합니다. 토론을 하면서 진지한 모습도 보이고, 서로의 이야기를 부끄러워하지 않고 잘 들어 줍니다. 궁금한 것은 따로 질문을 하는데, 그

속에 생각지 못한 중요한 이야기나 깜짝 놀랄 만한 생각들이 들어 있기도 합니다. 어떤 부분은 잘못 배워서 고정 관념으로 자리 잡기도 했지만요.

성교육은 '하지마'가 중점이 아니라 행복에 이르도록 '잘하는 것'이 원칙입니다. 사람과 사람이 관계를 이어 나가는 것이 성교육의 기본이기 때문입니다. 그래서 최대한 자연스럽게 교육해야 합니다. "지금부터는 성교육 시간입니다. 시작!" 이렇게 시작하는 것이 아니라 일상적인 대화 속에서, 사소한 행동 안에서도 해야 하는 것이지요.

심리학적으로, 의학적으로, 사회적으로 모든 부문에서 성과 연관되지 않은 부분이 있을까요? 건강한 삶을 영위해 나가려면 식욕, 수면욕처럼 성욕도 필수적인 요소입니다. 사회를 구성하고 유지하는 데 반드시 필요한 욕구입니다. 사람을 이루는 기본이자 남녀 관계의 기본입니다. 성은 인격이며 품성입니다. 그래서 필자는 품격 있는 성이라는 말을 즐겨 씁니다. 나아가 품성이라고 부르기도 합니다.

교육을 하는 장소에 상관없이 성교육 안에는 품성 교육과 대인 관계 기술, 부모 교육 등이 포함되어야 합니다. 성교육 따로, 인성 교육 따로가 아니라 함께해야 하죠. 성에도 '예절'이 있다는 것을 알려 주어야 합니다. 더불어 아이들을 교실에만 묶어 두어서는 안 됩니다. 아이들의 에너지가 교실에서 응축된 상태로 머물기에 성 에너지가 불필요한 에너지를 양산합니다. 사람에게도 에너지가 있잖아요. 더 정확히 말하면 사람은 에너지로 구성되어 있죠. 에너지가 쌓이면 균형 있게 표출

해야 하는데, 우리 아이들에게는 그럴 수 있을 만한 통로가 거의 없습니다. 체육 시간도 점점 줄어들고, 계속 앉아서 체하도록 정보만 받아들이고 있어요. 존 로크가 『교육론』에서 주창한 '건강한 신체와 건강한 정신'의 연관성은 이미 과학적으로 수도 없이 검증한 내용 아닌가요?

성교육이 재미있고 즐거울 수 있도록 체험적인 요소를 늘려 주세요. 성문화센터를 직접 방문해서 눈으로 보고, 듣고, 만질 수 있는 기회도 제공해 주세요. 기존에 교사가 일방적으로 제시하던 성교육은 '굿바이'하고 아이들이 직접 체험하고 자기 주도적으로 성을 이끌어 나가도록 새로운 환경을 제공해야 합니다.

이제는 우리 교육자들이 더욱 깨어나서 살펴보아야 할 때인 것 같습니다. 아이들의 상처 주위를 잘 닦아 내고 약도 발라 주세요. 효과 좋은 상처밴드를 붙여 주고 덧나지는 않았는지 살피면서 말이죠. 앞으로 경험할 청소년들의 성은 더욱 생기 있고 새살이 돋은 것처럼 고울 것입니다.

4

존중: 성교육의 처음과 끝

"이 영화는 주인공이 살렸네!"

영화 감상평을 보면 결말이 눈에 보이는 뻔한 스토리인데도 재미있다고 하는 영화가 있습니다. 배우 연기가 실감나거나 음악과 영상 효과가 영화의 부족한 부분을 채우기도 합니다. 영화에서 스토리를 제외해도 무언가 뼈대를 이루고 살리는 것이 있다는 말입니다. 바로 영화의 구성 요소들입니다. 그런데 본디 영화라면 스크린으로 상영하는 것이 원칙이며, 극장에서 볼 수 없다면 영화가 아니겠죠.

성교육에서도 성의 다양한 부분에 대해 이야기를 나누고, 때로는 실습이나 상담 등으로 전달합니다. 전달 방식은 다양하나, 가장 중요한 원칙이자 처음과 끝이라고 해도 과언이 아닌 것이 바로 '존중'이에요.

정보 전달 방식뿐만 아니라 성에 대한 의미, 감정 또한 그 바탕은 '존중'이어야 합니다. 교육자가 피교육자를 존중하고 있는지를 느낄 수 있어야 하는 성교육이어야 한다는 것이지요. 냉정한 말일지 모르지만 존중이 없는 성교육은 의미가 없어요. 타협할 수 없는 부분이죠. 성교육에서 존중은 핵심 키워드입니다.

성(性)

「명사」

「1」 사람이나 사물 따위의 본성이나 본바탕.

「2」 남성과 여성, 수컷과 암컷의 구별. 또는 남성이나 여성의 육체적 특징. ≒섹스.

「3」 남녀의 육체적 관계. 또는 그에 관련된 일.

「4」 『불교』 나면서부터 지닌 본연의 성품이나 그 자체. 현상 차별의 상대적 모양에 대하여 오온(五蘊), 평등 진여(眞如)를 이른다.

「5」 『언어』 인도 · 유럽어에서 명사, 대명사에 특징적인 문법 범주의 하나. 남성, 여성, 중성으로 나뉜다.

※ 출처: 표준국어대사전

'성'이라는 용어 어원에 마음심과 근본이라는 뜻이 있습니다. 날생의 한자는 낳다, 해산하다, 생명이 있는 목숨이라는 뜻이기도 합니다. 성은 마음과 몸, 인간 자체를 의미하는 것으로 성기나, 성적 행동, 성적 흥분만을 말하지 않습니다. 남녀 성별로 남녀를 구분하기 이전의 모습이며, 모성으로 분리되어 나온 독립된 생명으로 인식해야 하는 것이죠.

성의 사전적 의미를 살펴보면 철학적으로 성품에도 해당된다는 것을 알 수 있습니다. 성교육을 이야기하다 보면 성이란 용어를 습관적으로 계속 사용하게 됩니다. 혹시 '게슈탈트 붕괴'를 아시나요? 심리학에서는 '의미 과포화'라고도 하는데, 무언가에 집중하다 상황에 너무 치중하면 본래의 뜻이 생각나지 않게 되는 것을 말합니다. 성도 포함하는 영역이 너무 많아지고 성이라는 행위에만 집중하다 보면 정작 본연의 성 의미를 잃을 수도 있습니다. 교사가 먼저 성을 개념적으로 어떻게 정의를 내렸는지 살펴보는 것이 중요합니다.

필자 역시 성에 가졌던 고정 관념이 얼마나 짙었는지 하나씩 비워내면서 알게 되었습니다. 성에 가졌던 관념을 백지상태로, 완전한 0의 상태로 여기고 하나씩 다시 살펴봅시다. 개념을 지우는 것이 불가능하지는 않습니다. 우리가 의식적으로 선택해서 배운 것이 아니라 무의식적으로 주입된 것이 많아서 찾기 쉽지는 않아요. 그래서 성에 관련한 정보를 하나씩 의식하고 점검하기 시작하면 되는 것이죠.

교사가 가르치는 청소년들의 성 정체성이 남성도 여성도 아니면 교육을 하지 못할까요? 사실 그 부분이 교사에게 미치는 영향은 크지 않습니다. 교사는 성 정체성이 어떻든지 우리가 누구든지 간에 생명이 있는 그 자체로 존중해야 하니까요. 학급 학생들에 대한 교사의 모든 견해를 버리고 바라보면 됩니다. 수업을 듣는 저 아이를 있는 그대로 바라보기 시작하면 그것이 존중으로 가는 첫걸음입니다. 비록 아이들의 모습이 교사 관점에서 부족해 보인다고 해도 괜찮습니다. 교사는 그 부족함을 채우려고 존재하는 것이니까요. 지금 당장 급하게 아이들이 지니고 있는 성과 관련한 모습을 정의 내린다고 한들 정답일리 없어요. 사람은 오늘과 내일이 다르며 끊임없이 변화하기 때문입니다. 우리는 가능성을 보면서 교육해야 하지 않을까요?

오늘 무언가를 알게 된 나는 어제의 나와 다르듯이 무언가를 새롭게 정의 내리는 순간 어제의 그것은 내 머릿속에서 사라져 버립니다. 정치적, 종교적, 문화적 고정 관념을 벗어 버리고 성의 진짜 모습을 살펴보세요. 잘못된 것은 없으며 그동안 성을 오해했다는 것과 세상에는 아름다운 것들이 가득함을 깨달을 수 있어요. 앞으로 교사의 성교육은 소중한 경험에 비추어 청소년들에게 전해질 것입니다.

"나는 너희들을 존중하고 있다."

성교육에도 성차별 요소가 있었는지 '성 평등 교육'이라고 말하기도 합니다. 차별의 반대가 평등이라는 지극히 단순한 이유입니다. 정확히 말하면 성차별이 아니라 인간 차별입니다. 평등은 원래부터 지켜야하는 영역임에도 말이에요. 이제는 평등을 넘어선 존중이 되어야 아이들의 마음이 움직입니다. 그렇게 해야 아이들도 교사를 존중하고 존경할 수 있어요. 필자도 어른이 되고 세상에서 많은 사람을 만나 보니 어느 순간 존경하게 된 선생님이 계셨어요. 그 당시에는 존경이란 단어가 무엇을 의미하는지 몰랐던 것 같아요. 수준 높은 가르침을 주어서 존경심이 생겼다기보다는 작은 엇나감에도 필자를 따스한 시선으로 바라보아 주셨기 때문입니다. 서툰 행동에도 괜찮다고 잘 해낼 것이라고 믿어 주셨기 때문이에요. 그런 선생님을 만날 수 있어 천만다행이었죠.

성교육을 하기 앞서 청소년들에게 "성에 대해 궁금한 것이 있으면 쪽지에다 적어서 줘."라고 말했습니다. 어느 날 한 친구가 필자에게 비밀 쪽지로 직격탄을 날렸습니다. '선생님, 우리한테 이런 성교육은 필요 없어요!' 필자도 나름대로 핑계가 있어 장황하게 말을 늘어놓았습니다. '우리에게 허락된 시간이 부족해서, 보여 줄 수 있는 자료가 제한되어 있어서, 너희들의 질문과 분위기를 여유롭게 버텨 낼 선생님이 부족해서!'라고 말이죠. 도대체 누구에게 핑계를 대고 있는지, 아이들에게 사과를 하며 마무리 지었습니다. 결국은 필자 자신에 대한 핑계이자 두려움인 것을 알아버렸기 때문이죠.

'나는 왜 제대로 된 성교육을 하지 못할까?' 늘 마주하는 고민입니다. 그러면서 막상 성교육을 하고 난 뒤 아이들 표정을 보면, 그래도 반드시 필요한 교육이라는 것을 확신해요. 아이들이 남겨 준 생각의 흔적들을 그림으로, 글로 보고 나면 존중의 가치를 깨닫게 되어요.

'우리가 네 말을 듣고 있어. 네 생각을 궁금해 하고, 네가 하는 이야기는 나에게 영향을 줄 만큼 소중하단다' 이렇게 감정을 느끼고 나면 아이들 또한 누군가의 목소리에 귀 기울이며 개인적인 취향도 존중하게 됩니다. 누군가의 물음이든 친절하게 대할 수 있게 되지요.

우리는 왜 독서를 하고 끊임없이 배움을 얻고자 노력할까요? 교육자로서 내가 존중받기를 원하기 때문에 전문성을 키우는 것 아닐까요? 다른 사람의 가르침도 존중하기 때문에 듣고자 하는 것입니다. 청소년들도 얼마든지 누군가를 존중할 준비가 되어 있고 존중받아야 합니다. 각자 존중받기를 원해서 우리는 노력이란 것을 하고 있어요. 노력하지 않아도 존중받을 수 있는 세상을 위해 노력하고 있는 중입니다. 예전부터 황금률의 법칙으로 우리에게 익숙한 존중입니다. 특히 성에서는 존중을 배제해 버리면 폭력이 되고 말아요.

아이들에게 존중받고 싶으면 먼저 존중해야 합니다. 아이들에게 내 경험을 존중받고자 한다면 아이들의 모든 경험을 존중해 주세요. 성장하기 위해 모든 것을 반드시 경험해야 하는 것은 아니지만 어쨌든 경험의 가치는 소중하니까요. 내 인격을 함부로 침해받고 싶지 않은 마음이 있다면 아이들 인격도 존중해야겠지요. 지키고 싶은 만큼 단단하게 내 말과 행동에 존중을 못 박으세요. 엄격함이 아니라 자상함으로, 재미있지만 때로는 진지함으로 말이죠.

5

학생 중심 성교육
체크 리스트를 공개합니다

다음은 성 지식과 관련한 ○× 문제입니다.

❶ '음순'은 여성의 생식기를 총칭하는 말이다.

❷ 산부인과에서는 여성이 성관계 경험이 있는지 없는지 알 수 있다.

❸ 비아그라를 먹으면 여성도 성욕이 증가한다.

❹ 남성의 정액이 생산되는 최대량은 정해져 있다.

❺ 첫 성관계로 처녀막은 찢어지고 출혈도 난다.

❻ 경구 피임약은 여성의 몸에 유익하지 않다.

❼ 남성의 성기는 성적인 흥분에 의해서만 발기한다.

❽ 남성은 포경 수술을 꼭 해야 한다.

❾ 자위 행위로도 성병에 걸릴 수 있다.

❿ 여성은 월경 중에도 임신이 가능하다.

정답 ○, ×, ×, ×, ×, ×, ×, ×, ×, ○

성교육을 언제 누구에게 어떤 형태로 받았느냐에 따라서 아이들이 알고 있는 정보는 천차만별입니다. 지금 현 시점에서 아이들에게 해당되지 않는 성 정보는 기억에 오래 남지 않기 때문입니다. 학생들은 당장 활용할 수 있는 정보가 필요하다고 했습니다. 막상 청소년 수준으로 대답할 수 있는 질문을 하면 정보량은 많지만 정확히 알고 있지는 않았습니다. 앞서 한 질문들은 어른도 헷갈려 합니다. 한 번도 들어 본 적이 없다고 이야기하는 친구들도 많아요. 여러분은 몇 문제 정도 맞추었나요? 요즘 여러 기관에서 성 지식 퀴즈를 많이 활용하고 있습니다. 성 지식 수준이 어느 정도인지 가늠하고 자체적으로 정보를 수집하기도 해요. 대학교 신입생을 대상으로 질문을 하면 점수가 그리 높지 않아요. '성 지식 고수를 찾는다'는 퀴즈 소개 문구가 성 경험자를 찾는 것 같아서 망설이는 친구도 있어요. 이런 친구들에게 성교육을 어떤 형식으로 받았는지 질문하면 당황스러워 합니다. 한 번도 받아 본 적이 없다는 친구들도 많아요. 성교육 시간을 할애할 수 없었던 교육 환경이 제일 큰 원인이죠. 백지상태로 교육하니까 좋을 것 같지만 실제로는 진짜 백지가 아니라서 어려움을 겪어요. 얼마나 편협하고 잘못된 정보들로 얼룩져 있는지 체험 부스에서 살짝 살펴보면 깜짝 놀라요. 학교 밖 친구들과 상담할 때는 더욱 주의해야 합니다. 성교육에 어떻게 접근해야 할까요? 성교육을 할 때마다 필자 나름대로 체크하는 항목들이 있어요. 성을 교육할 때는 다음 항목에서 벗어나지 않도록 맥락을 잡아주기도 합니다. 교육을 하고 난 뒤 셀프 피드백을 하기도 용이하고요.

다음은 학생 중심의 성교육 체크 리스트입니다.

☐ 나는 성에 대한 전문 혹은 관련 용어를 쓸 때 불편하지 않다.
☐ 나는 청소년은 물론 어떤 대상과 성에 대해 이야기를 하더라도 솔직하게 말할 수 있다.
☐ 나는 다양한 성별에 대해 알고 있고, 존중하고 있다.
☐ 나는 성교육의 필요성을 정확히 인지하고 있고, 전문성을 갖추기 위해 노력하고 있다.
☐ 나는 성교육의 흐름과 방향에 대해 정확히 인지하려고 노력하고 있다.
☐ 나는 성과 관련한 질병에 대한 정보와 예방법을 잘 알고 있다.
☐ 나는 피임법에 대해 정확히 설명할 수 있다.
☐ 나는 성의 윤리적, 문화적, 생물학적, 심리적 개념 등을 잘 이해하고 있다.
☐ 나는 주도적으로 성적 의사 결정권과 성에 대한 행복 추구권을 행사하고 있다.
☐ 나는 내 젠더 감수성이 어느 정도인지 파악하고 있다.
☐ 나는 성적 다양성을 인정하며 성 소수자에 대해 편견을 갖지 않는다.
☐ 나는 인권에 대한 이해와 중요성을 알고 있고, 나와 다른 사람의 인권을 존중한다.

학생 중심의 성교육을 하는 것이 진정 어려울까요? 학생 중심의 교사는 본래 성교육과 교과를 따로 분리하지 않아야 합니다. 물을 마시는 컵을 들 때도 성별에 대한 고정 관념이 있을 수 있다는 것을 발견할 수 있으면 됩니다. 초등학교 교실에서 여성은 새끼손가락을 세우고 먹어야 한다고 티파티 문화를 소개하더군요. 새끼손가락을 들고 먹는 남성도 존재하는데 말이죠. 성교육을 하는 교사가 남성, 여성의 성만 존재한다고 확정하면 안 되겠죠. 그냥 태어난 성이 있을 뿐이고 자라면서 생겨난 성은 평가하지 않아야 해요. 그래야 인간이라는 존엄성을 지키며 교육할 수 있습니다. 남성, 여성의 그림이 아닌 그냥 뼈대만 있는 그림을 보며 성 평등 교육을 하는 것도 괜찮습니다. 뭐든지 처음이 어색하고 어렵지 자꾸 생각하다 보면 익숙해지거든요. 여성을 위한 성교육, 남성을 위한 성교육을 분리하는 것도 사실 무리가 있어요. 다만 어쩔 수 없는 요청을 감안해서 분리 교육을 하는 것이죠. 성교육은 어떤 상황에서도 불편하지 않도록 평등해야 하니까요.

학부모에게도 성교육의 정보량이 점진적으로 증가할 수 있도록 편의를 보아주어야 합니다. 정보도 갑자기 몰아서 받아들이면 정보 과잉으로 체할 수 있어요. 하지만 받아들일 수만 있다면 한 번에 깨져도 무방한 내용도 많아요. 그래서 인권 교육부터 시작하면 오히려 아이들이 더 관심을 갖고 잘 지킵니다. "우리에게 이런 권리가 있었어?"라면서요.

한 번 트인 시선은 다시 좁아지기 어렵습니다. 세계 여행을 자주 다니는 친구의 사고방식과 동네에서만 살았던 친구의 시야는 분명 다릅니다. 성교육도 앎과 체험의 영역을 고루 왕복하는 것이 중요해요. 체험만 하고 깨달음이 없으면 소용없고, 알고는 있지만 경험이 없으면 한계에 부딪칩니다. 예를 들어 여성의 월경통에 대한 정확한 이해와 납득 없이 보건 휴가를 전국적으로 시행했어요. 월경통도 개인차가 있습니다. 보건 휴가를 오용하는 일부 여성 때문에 남성에게 오히려 역효과만 낳았던 상황을 이야기하지 않을 수가 없네요. 군필자에게 특혜를 부여하는 것이 어떤 의미인지도 학교에서 다룰 수 있어야 해요.

학생 중심의 성교육은 누가 해야 할까요? 정확한 기본 정보를 갖고 있는 사람들이면 어렵지 않게 할 수 있어야 해요. 수준별로 단계를 정하고 기본적인 정보에 대해서는 전문적으로 교육을 받은 엄마, 아빠가 학교를 방문해서 아이들에게 성교육을 하면 어떨까요? 학부모 역할에 따라 교육 효과도 다를 테고 아이들에게도 새로운 경험일 것이에요. 학부모와 교사의 관계에서 협력적인 부분을 구축할 수도 있고요. 그리고 졸업한 선배들과 후배들이 성에 관련하여 토론하는 분위기도 좋은 효과를 낼 수 있어요.

성을 교육하는 사람은 진심으로 사람을 좋아하고 존중해야 합니다. 자신의 성에 대해 솔직하면서 왜곡되지 않은 관념을 가진 사람이어야겠죠. 개방적이고 수용적이며 담대함과 용기도 있어야 해요. 무엇보다 자신을 존중하는 사람이어야 합니다. 우리는 잊지 않아야 합니다. 성에 대한 다양한 관점을 제공하는 것도 성교육의 중요한 역할임을 말이죠. 결국 가치 있는 삶을 살아가는 사람이야말로 학생 중심의 성교육을 할 수 있습니다.

6

지금까지 성교육, 판을 다시 짜야 할 때

2015년 '국가 수준의 학교 성교육 표준안'에 대해 여러 기관이 연대를 맺어 철회를 촉구하는 성명서를 내고 기자 간담회를 했어요. 급하게 정권이 교체되면서 자취를 감춘 황당한 내용들을 인터넷상에서 가끔 마주하곤 하죠. 볼 때마다 씁쓸한 것이 비단 필자만은 아닐 것입니다. 2016년 수정안이 비공개로 전환되었지만 여전히 많은 논란 속에 성교육 지침으로 시행되고 있어요. 한편에서는 개정이나 폐지를 시도하는 것에 반대하는, 즉 성교육 표준안을 지지하는 청원과 성명서를 내고 있어요. 각기 다른 이유로 국가 수준의 학교 성교육 표준안은 여전히 집중을 받고 있습니다.

성교육 표준안에는 '자위' 등 전문 용어를 금기시하고 종교적인 색채를 지닌 지극히 편향된 내용도 담겨 있어요. 성에 대한 보수적인 교육 내용은 사회적인 변화와 이슈를 전혀 고려하고 있지 않습니다. 양성 평등과 페미니즘을 비롯한 다양한 요구를 반영하지 못하고 정체되어 있습니다. 다른 나라에서 이미 개방적 성교육이 효과가 있음을 검증했는데도 아직 우리나라 실정에는 맞지 않다고 주장합니다. 개방성이 주는 단점을 간과하는 것은 아니에요. 결국 실효성이 있느냐는 것인데 우선 청소년들은 표준안에 근거한 성교육을 인정하지 못해요. 청소년들이 정보의 신뢰성을 판단하는 근거가 이제는 학교나 친구, 학부모가 아닙니다. 모든 매체에서 정보를 수집하고 수십 명이 함께하는 메시지 창에서 의견을 나누며 눈 깜짝할 사이에 정보를 주고받아요. 세계를 무대로 시간과 공간의 제약을 느낄 수 없는 환경에 살고 있는데 손바닥으로 하늘을 가리는 것과 다름없죠. 정보의 통제와 제약이란 있을 수 없어요. 그렇기 때문에 최대한 검증된 정보를 최대한 많이 먼저 알려 주는 것이 중요해요. 넘쳐 나는 정보의 홍수 속에서 분별할 수 있는 능력을 키워 주는 것도 성교육의 목표여야 한다는 것이죠. 이것은 매일 엄청난 양의 지식과 정보를 살펴보는 교사가 제일 잘 알 테고요.

미투 운동이 본격화될 때 아들을 둔 엄마들이 더 적극적이었습니다. 잠재적 가해자가 되어 버린 것 같은 아들을 위해 성교육 책을 읽기 시작했다고 합니다. 딸을 둔 부모들은 스쿨 미투를 보며 울분을 토했죠. 학부모들이 학교에 성교육을 요청하고 직접 성교육 강좌를 신청해서 듣습니다. 유명한 성교육 강연자를 직접 찾아 나서는 상황입니다.

다만 학부모들은 성교육에 대한 욕구와 열의가 있는데, 학교에서 그것을 채워 주지 못하는 현실이 서글플 뿐이죠.

성교육을 할 수 있는 자격 요건과 합의된 정보가 부족해서 피해가 더욱 커지고 있습니다. 혼란스러운 이때에 어느 것 하나 명확하지 않기 때문에 두려워해요. 많은 사람이 폐쇄적으로 움츠러들 수밖에 없습니다. 뇌는 변화에 위험 감지 신호를 보내고, 익숙한 환경을 안전하다고 여기기 때문이에요.

교사들도 성에 대해 가진 생각도 다르고 정보를 보는 관점도 달라요. 정보를 수용하는 범위도 달라서 양극화가 생기기도 하죠. 그래서 성에 대한 해결책을 마련하는 자리에 모여도 해결책이 나오지가 않아요. 교육에도 권력과 경제적인 이해관계가 존재하므로 더욱 심화될 뿐이고요. 유아와 아동을 교육하는 사람들, 학교 밖에서 교육하는 성교육 전문 기관, 상담센터 등 누가 어디서 성교육을 하느냐에 따라 수준과 방법이 달라질 수밖에 없어요. 제일 먼저 성교육의 방향 설정에 한 목소리를 내기 어렵다는 사실을 마주하게 됩니다.

성에 대해 연구하는 정보의 질적인 면에서 성교육 전문가와 많은 양의 업무를 보면서 성교육까지 해야 하는 보건 교사는 단연코 다를 수밖에 없어요. 우리나라는 성교육을 보건 교사가 담당해야 한다고 생각하는데, 실상 보건 교사가 겪는 현실적인 어려움은 고려하지 않았습니다. 외부 강사를 활용하기에는 예산이 부족하고 절차도 복잡하니까 학교 입장에서도 보건 교사가 담당하는 것이 여러 면에서 합리적이라고 생각합니다. 성교육 표준안에 명시해 두었으므로 문제도 되지 않고요. 교육에 대한 전달 체계가 수요는 줄어들고 공급은 많아져서 점차 벌어지는 경제적 흐름을 외면하지 못하게 되었죠.

필자가 학부모들을 교육할 때 보면 많은 부모가 성교육을 어디서부터 어떻게 시작해야 할지 막막하다고 토로합니다. 그런데 꾸준히 학부모를 만나서 교육하고 청소년들과 이야기를 나누면 금세 배웁니다. 새로운 개방적인 정보에 처음에는 당황하지만 체계적인 교육에는 거의 반감이 없어요. 지금이라도 제대로 된 성교육을 받아서 좋다고 합니다. 오히려 다행으로 여기고, 하루빨리 모두가 성에 대해 편견 없는 정보를 공유해야 한다고 생각해요.

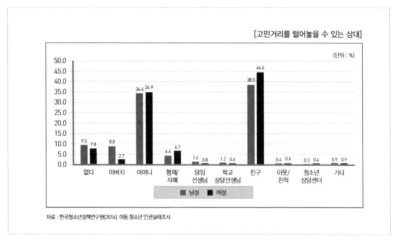

자료 : 한국청소년정책연구원(2016). 아동·청소년 인권실태조사.

2016년 한국청소년정책연구원에서 실시한 아동·청소년 인권 실태 조사에는 고민거리를 털어놓을 수 있는 상대를 묻는 문항이 있어요. 필자는 고민거리를 털어놓을 수 있는 상대가 없다는 결과가 제일 먼저 눈에 들어 왔어요. 개인적인 성향이고 상황은 저마다 다를 수 있지만 관심 있게 살펴보아야 하는 친구들인 것은 분명해요. 고민을 나눌 대상에 '친구' 비율이 가장 높다는 것은 공교육과 성교육 관계가 얼마나 중요한지를 나타낸다고 생각해요. 학교에서 함께 성교육을 받고 난 뒤 친구들끼리 나누는 정보 수준은 분명 다를 테니까요. 친구들끼리 나눌 수 있는 모든 성에 대한 생각과 말이, 그리고 행동이 품격 있을 수 있도록 돕는 것이 우리 역할이에요.

성에 대한 이론과 실전을 오고 갈 수 있는 통로가 다양하기 때문에 가장 신뢰할 수 있는 교육 기관이 그 중앙 통로를 담당하면 조금이나마 정보 균형을 이룰 수 있지 않을까요? 성을 배우는 것은 결국 사람에 대해 배우는 것이기 때문이에요. 관계를 벗어난 성교육은 의미가 없어요. 살아가는 관계를 배우고 소통하는 법을 배우는 것도 성교육에 반드시 포함해야겠지요. 성교육이 부모와 자녀, 교사와 제자, 학부모와 교사, 나와 친구들 관계에서 맥을 잡아 줄 수 있도록 판을 다시 짜야 합니다.

7

교사와 아이들, 이제는 '성'을 이야기하다

"선생님, 여자가 피임을 너무 잘 알고 있으면 남자들은 싫어해요."

2015년 가을 한 남자 고등학교 2학년 교실에서 한 친구가 이렇게 말하자, 상당수 남자아이가 고개를 끄덕였습니다. 필자는 바로 이렇게 질문했습니다.

"피임법을 잘 아는 여자는 여자 사람 친구를 말하는 거야? 아니면 너희가 사귀는 이성 친구를 말하는 거야?"

"이성 친구요."

"내 이성 친구가 피임법을 잘 안다면 그다지 좋지 않다는 거지? 그렇게 생각하는 친구들은 솔직하게 손 한 번 들어 볼까?"

과반수 이상의 학생들이 쭈뼛대며 손을 들었습니다. 내 이성 친구만큼은 성적 경험이나 성 정보를 많이 알지 않았으면 하는 것이지요. 그날 한 친구가 던진 돌발 질문으로 많은 이야기를 주고받으면서 집단 상담의 분위기가 되었어요. 자발적인 요소가 많았고, 자연스럽게 잘못된 정보를 교정할 수 있는 장이 되었다고 할까요? 성교육을 할 때 집단 상담 프로그램으로 접근하면 좋겠다고 생각했어요. '성은 더 이상 부끄러운 것이 아니다, 평소에 궁금했던 내 생각들을 꺼내서 토론 주제로 삼고 얼마든지 서로 견해를 나눌 수 있다'는 것만 알아차리면 아이들은 적극적으로 참여합니다. 안타깝지만 지금은 여러 제약 때문에 집단 상담을 하기가 힘든 상황이에요.

시대가 변해도 아직 여성에게 성적인 제약은 여전합니다. 여성이 밤늦게 돌아다니고 짧은 치마를 입어서 성폭력을 당했다고 생각하는 사람들이 여전히 있습니다. 솔직히 말하면 아직도 넘쳐 납니다. 남성뿐 아니라 여성까지도 성폭력을 당할 만한 이유가 있다고 말합니다. 반대로 남성이 성폭력 피해자가 되었다고 해도 인정하지 못합니다. 성폭력 당시 발기가 되었다는 이유로 말이죠. 발기에 대한 과학적인 사유가 있음에도 법적인 보호를 받지 못하는 것이 현실입니다.

성을 부끄러워하다 보니 성폭력 피해자까지 부끄럽다고 생각해 버립니다. 성에 대해 더 이상 부끄러워하지 않게 되면 조금이나마 변할 수 있을까요? 필자 역시 많은 경험을 했으면서도 성의 어떤 부분에서는 민망해 하는 자신을 발견하고는 깜짝 놀랐습니다. 그래서 성 정보를 정확히 알려 주고, 더 이상 말도 안 되는 핑계를 대지 않도록 의식을 바꾸어야 한다고 생각했어요. 성추행을 비롯한 데이트 폭력 등을 한 뒤 가해자가 하는 말들을 들어 보면 잘못된 인식에서 비롯함을 알 수 있어요.

"그 여자아이가 꼬드겼다니까요."

"그 아이가 거부하지 않았다고요."

"그 아이도 좋아했다고요!"

"먼저 들이댔는데요."

"밖에다 싸면(원외 사정) 임신이 안 되는 것 아니에요?"

"이렇게 하면 좋아한다고요."

성교육을 시작한 역사가 몇 년인데, 아직도 똑같은 이야기를 듣고 있어요. 그 아이들이 다시 사회에 나와 어떤 문화를 주도 할지 감이 오지 않나요? 성 경험 유무나 횟수를 묻는 질문도 그대로입니다.

"너 아다야, 후다야?"

어른들의 말로 품격 있게 말하면 '미혼입니까? 기혼입니까?'라고 말할 수 있어요. 교사가 이성 교제 교육을 왜 해야 하는지 다시 한 번 생각해 보아야겠어요.

성과 관련한 이야기를 교육 현장에서 솔직하게 이야기하면 큰일 날까요? 솔직하게 이야기하지 못한다면 아이들이 어떤 잘못된 정보를 갖고 있는지 알 수가 없잖아요. 어떻게 제대로 성을 배울 수 있을까요? 몰래, 이불 속에서, 너와 나 단둘이서 찾고 물어보다 보니 이상한 쪽으로 흘러가는 것이 아닐까요? 굳이 공부하는 친구들에게 몰라도 될 정보를 주입하는 것일까요? 몰라도 되는 정보라는 말 자체가 알 권리를 침해하는 것입니다. 아직 아이들은 준비되지 않았다고 하는 사람들도 있는데, 그 준비가 신체인가요 아니면 마음의 준비인가요? 그렇다면 누가 준비를 해야 하나요? 진실은 누구도 다른 사람의 마음과 생각을 통제할 수는 없다는 것입니다. 결국 각자의 사고 체계를 거쳐 판단하고 결정을 내려야 합니다. 그렇기 때문에 아이들이 교육 현장에 다 같이 모여 있을 때 아이들의 사고가 어떤지 살필 수 있어야 해요. 교사는 공식적인 자리에서 최대한 아이들의 물음에 솔직하게 답해 줄 수 있어야 합니다.

"나중에 어른이 되어서 해. 나중에 대학 가서 해!"라고 말하는 것은 더 이상 의미가 없어요. 대학이 욕구의 최종 목적지이자 분출 통로는 아니잖아요. 실제로 대학교 선후배 사이에 성폭력이 얼마나 심한지 알고 있나요? 우리는 정보를 입력하고 내 것으로 만들어서 다시 출력하려면 숙고의 과정을 거쳐야 함을 알고 있습니다. 한 인간의 성숙은 단시간이 아니라 오랜 시간, 여러 과정을 겪으면서 진행되는 것이니까요. 성교육 역시 마찬가지라고 생각해요. 새로운 것에 대한 거부감이 없는 유아기 때부터 성교육을 시작해야 해요. 성장 발달 시기에 맞는 적절한 성 정보를 제공해서 성 인지 및 성 감수성도 함께 키워 주어야 해요. 성은 부끄러운 것이 아니라 인간이 성장하는 것처럼 자연스러우니까요.

세상에서 변하지 않는 사실은 아이들은 성장한다는 것입니다. 아이들은 자라는데 양육하고 교육하는 어른들의 시선은 더 이상 자라지 않습니다. 아이들은 어른이 되기를 원하는데 정작 어른이 되면 심적으로, 지적으로 더 이상 성장하지 않으려고 합니다.

성에 대해 어떤 질문을 해야 할지 막막하다던 교사가 있었어요. 그래서 필자는 그 교사에게 한 번도 성에 관련한 질문을 받아 본 적이 없는 세대라 당연히 쉽지 않다고 말했습니다. 성이 부끄러운 것이 아니라 성에 대해 내 생각을 말하는 자체가 부끄러울 수도 있거든요. 아직 익숙지 않은 분위기라서 그렇고, 아이들이 하는 질문이 두렵기 때문에 사전에 차단하는 것일지도 모릅니다. 성을 부끄러워하지 않도록 교사끼리 먼저 토론을 하는 것도 좋겠어요. 질문을 뽑고, 서로 여러 번 질문하면서 분위기에 익숙해지고 당당함도 생길 수 있습니다. 외국의 성교육 강사 전문 기관에서는 성에 관련한 낯설고 험한 용어를 아무런 감정이 들지 않을 때까지 사용하게 합니다. 그래야만 편견 없이 생각하고 누구한테든 제대로 가르칠 수 있으니까요. 교사가 성을 주제로 한 토크쇼 등도 참여하고 성교육 동영상도 찾아보면 좋습니다. 미국 교육철학자 브라멜드는 교육의 주된 목적은 현대에 처한 위기에 대처하기 위해 사회를 재건하는 것에 있다고 했어요. 우리가 먼저 두껍게 쌓인 성에 대한 고정 관념의 벽을 허물고 새롭게 재건해야 할 때입니다. 우리는 지식과 진실 앞에 늘 당당해야 하는 교육자입니다.

성교육은 답이 없다?

인간은 생물학적으로 동물에 속합니다. 동물은 종을 번식하고 진화하려고 어떤 행위를 지속적으로 유지하죠. 성적 행동은 진화의 산물이기도 하고 생명을 유지하기 위해 인간이 선택한 메커니즘이기도 합니다. 인간을 구분 지은 성(sex)의 종류인 여성과 남성만이 과연 참이라고 할 수 있을까요? 우리가 옳다 혹은 그르다고 판단할 수 있는 절대적인 기준은 존재하지 않아요. 그냥 사실만 있을 뿐이죠. 판단은 모두 상대적이니까요. 인류 보편적인 가치에 따라 법이라는 테두리 안에서 정한 최소한의 영역을 지키려는 노력인 것이죠. 가까운 예로 가정에서 이루어지는 것만 보아도 알 수 있어요. 내가 자라온 가정의 판단 근거가 다른 가정에서는 한 번도 들어 보지 못한 것일 수도 있어요.

"우리 집 통금 시간은 9시야."

어느 시절의 이야기일까요? 아직도 존재하는 이야기이며, 딸을 둔 아빠들이 으름장을 놓으며 하는 레퍼토리입니다. 하지만 지금 같은 시대에 말도 안 된다고 생각하는 부모도 있습니다. 이렇듯 성에 관련한 한 가지 영역조차 세상에 존재하는 수많은 사람만큼 각양각색입니다. 똑같은 신체 구조가 없듯이 성만큼 고유하게 느낄 수 있는 영역도 드물거든요. 그러면 여성도 남성도 아닌 중간 성은 존재할 수 없다는 생각은 어디에서 온 관념일까요? 태어난 순간 내가 여성, 남성이라고 알려 준 것은 의학적인 판단입니다. 그러면 심리적으로 여성이고 남성인 판단은 누가 했을까요? 여성은 이렇다, 남성은 이렇다는 성 역할은 어떤 나라에서 태어났는지에 따라 다를 수 있어요. 성 역할은 학습되니까요. 그래서 인간이 자라면서 갖게 되는 2차적 성이 두 가지 범주를 벗어나면 나쁘다고 판단해 버려요. 그렇지만 다른 성을 인정하는 나라로 이민하면 다시 나쁜 것이 아니게 됩니다. 진실은 언제나 같은 대답을 내놓아야 해요. 양자물리학으로 증명되는 상대성 원리를 포함한 과학과 종교가 화합을 이루는 시대에 한참이나 뒤떨어진 생각을 아직도 하고 있습니다.

논리적으로, 과학적으로 들추어 보고 정확히 무엇이 나쁜지 다시 가르쳐 주어야 할 때가 왔어요. 많은 과학자와 의사가 계속 진행하고 있으니 새로운 사실들을 알려 주겠죠. 교육자로서 우리는 새로운 정보를 받아 정확하게 알려 주어야 해요. 새로운 정보로 세상이 어떻게 변하고, 나는 어떤 생각을 하는지도 끊임없이 숙고해야 해요.

개인적으로 성에 관련한 것 중 좋고 나쁘다는 판단을 할 수 있는 것은 성적 자기결정권에 달려 있어요. 나와 관련한 것을 우선적으로 존중하고 판단할 수 있는 사람은 자신뿐이니까요. 다른 사람의 만족을 먼저 생각해서 참거나 양보하는 것이 아니라, 내가 추구하는 것이 무엇인지 알아야 가능한 일이에요. 그래야 다른 사람을 진심으로 헤아릴 수 있습니다. 개인적인 가치 판단으로 접근할 때는 놓치지 말아야 할 부분이 있어요. 내가 좋기 위해서 유의해야 할 점이라고 생각하면 쉬울 것 같아요.

첫째, 나와 남에게 신체적으로나 심리적으로 해를 입히는 어떤 행동도 하지 않을 것

둘째, 상대방의 명확한 허락과 동의가 없다면 그 사람과 관련한 어떤 행동도 해서는 안 될 것

여기서 한 단계 더 진보하려면 "내가 좋았으니까 너도 좋을 거야."라며 일방적으로 결정하지 말아야 해요. "너는 나와 다를 수도 있구나!"를 깨달아야 합니다. 그러면 성적 다양성을 존중할 수 있습니다. 또 누군가에게 인정받기 위한 성 정체성은 더 이상 유효하지 않아요. 사회적인 용인이 아니라 스스로가 어떤 성을 지녔는지 진정으로 인정할 수 있어야 건강한 성이니까요. 인간이란 존재가 복잡하기에 성도 그럴 수

밖에 없습니다. 정말 답을 내릴 수가 없어요. 어른들도 답을 내릴 수 없는 성인데, 우리 아이들은 얼마나 혼란스러울까요?

한편으로 성적 지향도 많이 고민할 것입니다. 필자 역시도 나는 과연 이성애자가 맞을까 하고 생각한 적이 있어요. 멋진 생각을 품고 자기 관리를 잘하는 여성을 만나면 가슴이 뛰기도 했거든요. 아이를 셋이나 낳은 엄마로서 너무 늦은 고민일까요? 성적 고정 관념은 시야를 전 세계로 확대하는 순간 기준을 잡기가 대단히 모호해지는 함정이 있어요.

성을 교육하는 사람으로 성에 가이드라인을 제시해야 하는 부분은 명확하게 있어야겠죠. 대한민국에서 법과 제도 안에서 공통으로 습득해야 할 부분이 있고, 누구나 교육받을 권리가 있으니까요. 교사들은 이 부분을 혼동하면 문제가 생길 수 있으니 유념해야 합니다.

대한민국의 문해율은 낮은 편에 속해요. 글을 소리 내서 읽고 쓸 수 있는 사람이 많다는 뜻이죠. 그런데 대화를 나누다 보면 상대방이 이해를 하고 있는지 의구심이 들 때가 많아요. 영어를 발음 기호로 읽을 수는 있지만 뜻을 모르는 것과 같죠. 우리 말 자체가 한자와 섞여 있어서 속뜻을 오해하는 경우가 많은데, 성 역시 그래요. 정확하게 용어를 사용하지 않거나 실제 상황과 어긋나거나 억양이 조금만 달라도 오해의 소지가 다분하거든요. 성 용어도 들어 보았고 대략 이해는 하는데 정확하게 아는 경우는 드물어요. 성과 관련한 용어도 광범위하기 때문입니다. 앞서 말한 것처럼 성은 인간의 모든 부분에 영향을 미치기 때문이죠.

미국에서 배포한 설문지에는 성별 체크란에 이런 문구가 있습니다.

① 여성　　　② 남성　　　③ 둘 다인 경우

우리나라에서는 본 적 없는 문구죠? 세계적인 소셜 네트워크 플랫폼인 페이스북의 성별란을 보면 공란까지 포함하여 59개나 됩니다. 우리나라에서는 납득하지 못한다고 해도 할 수 없는 일이에요. 이미 세계적으로 일어난 변화이기 때문이죠. 우리가 인정하지 못한다고 해서 일어난 사실이 없던 것이 되지는 않으니까요. 아이들이 살아가는 시대가 이런 개념을 받아들인다는 것이 중요하죠.

　성은 우리가 더 이상 답을 내서 가르칠 수 있는 영역이 아님을 인정할 때인 것 같아요. 가치 판단을 내리기에 앞서 가치 판단을 내리기 위해 들여야 하는 시간과 노력이 사실상 의미가 없음을 알려 주는 것이 더 빠를 듯해요. 다양성을 토대로 존재하는 세계니까요. 그 대신 할 수 있는 것은 우리가 갈 수 있는 다양한 길이 있음을 보여 주는 것이에요. 교사가 가는 길과 학생 각자가 가는 길은 다릅니다. 앞으로 더 많은 다른 길이 존재한다는 것을 알려 주면 됩니다. 그 길이 틀린 것이 아니라 그저 다른 것임을 스스로 알 수 있게 말이죠. 성에는 원래 답이 없으니까요.

교육의 핵심 키워드는 '성교육'이다

학교 성교육 표준안 이해

가. 교육은 사회적 변화를 수용

나. 학문은 관련 분야와 융합하면서 확대

다. 교육 과정의 새로운 영역의 등장

라. 학생들 미래의 행복한 삶을 준비하는 것

마. 교육은 중립적 가치를 기본 전제로 한다.

처음 학교 성교육 표준안을 보았을 때 고개를 갸우뚱했습니다. 성교육의 학문적 범주를 생각해 보니 어느 하나 속하지 않은 것이 없음을 알는데도 말이죠. 학생의 행복한 삶을 준비하는 것이 포함되어 있는데, 가정과 사회에서는 지켜지지 않을 때가 많아요. 요리는 여성이

하는 것이라는 편견은 남성 요리사가 많은 현실 앞에서 무너지기 일쑤죠. 주방에서는 불과 칼을 다루기 때문에 위험해서 정신을 바짝 차리고 멀티플레이어가 되어야 하죠. 선배의 험한 말도 참아 낼 수 있어야 하고요. 유명한 프랜차이즈 업체의 주방에서 일한 적이 있는데, 여성도 20kg은 거뜬히 들 수 있어야 하더군요. '여성은 힘이 약하니까'는 통하지 않았습니다. 단단히 마음먹고 하고자 한다면 할 수 있고, 해내는 여성도 많으니까요. 그런데 신체상으로 노력해도 따라가지 못하는 부분이 있어요.

반대로 남성 간호사를 살펴볼까요? 간호라는 부분이 섬세함만 필요하지는 않아요. 요양병원에는 남성 간호사의 역할이 특히 중요하다고 해요. 그럼에도 남성 간호사는 여전히 선호하지도 않고 도전하지도 않아요. 여성 환자들이나 어린 환자의 보호자들이 불편해 하거든요. 주방이나 간호 현장에는 모두가 필요한데 말이죠. 그런데 남성이 힘든 일을 해서 여성을 보호하고 먹여 살려야 한다는 생각은 중년만 지나도 바뀌어요. 요양보호사에 여성이 많은 이유를 살펴보면 여성은 50세가 되어도 할 수 있는 일이 남성보다 많기 때문이에요. 한편 아내가 시댁 일에 소홀하다고 푸대접하던 남편이 자기 딸은 명절날 빨리 오지 않는다며 얼굴을 붉히는 것은 또 어떤 상황인가요? 성차별, 양성 평등 등에 관련한 성교육이 가정에서도 사회에서도 중요하지 않은 부분이 없습니다. 학교에서 실시하는 교육이 가정과 사회에서도 통하도록 성교육을 해야 한다는 것을 알 수 있어요.

자동화로 사람이 할 수 있는 일이 줄어드는 현실에서 지금껏 사람만 할 수 있는 영역에 대한 고찰이 없었음을 반성하게 됩니다. 사람을 마주하는 관계에 대해 심사숙고한 적이 없는 시대를 살아왔어요. 급격하게 산업화를 거치고 나서 지금은 조금 살 만한데, 이제 자동화라는 큰 벽이 생긴 것이죠. 한 사람에 대한 존엄성이 없는 상태에서 사람 대 사람의 존재 가치들이 긴밀하게 연결되어 버렸어요. 그것도 사회 연결망으로 빠르고 급속하게 준비되지 않은 상태로 말이죠. 고민 없이 악성 댓글을 달기도 합니다. 계속된 미디어 노출로 익숙한 폭력, 폭언, 살인 등을 현실 세계의 실제와 구분하지 못한 채로 저지르고요. 놀이터에서 뛰어노는 아이들은 찾아보기 힘들고, 지방에는 젊은 사람이 없어 문제가 되고 있어요. 산아 정책의 시대에서 무사히 살아남았던 세대는 더 이상 많은 생명의 탄생을 지켜볼 수 없는 것이 현실입니다. 아이들을 낳으라고 해도 마음 편히 낳아서 키울 수 없는 세상이 되었으니까요. 그 당시에 우리는 무엇을 두려워했던 것일까요? 오히려 교육적인 면에서는 지금이 살 만한 세상이라고 생각하는데 필자가 착각한 것일까요?

성폭력 생존자로 살아가면서 지금처럼 목소리를 낼 수 있다는 사실이 신기하기만 합니다. 누군가에게 아픔을 드러내는 것은 쉽지 않은 선택입니다. 필자 역시 성에 대한 아픔을 드러내는 행동으로 지킬 수 있는 새로운 것이 생겼기에 용기를 냈어요. 아주 다양한 환경에서 강제적으로 혹은 선택적으로 아픔을 겪어 지금은 무뎌졌다고 하면 조금 마음이 편할까요? 고통을 참아 낸 결과로 결혼을 해서 행복하게 세 아이의 엄마가 되었습니다. 성이 아름답고 행복하다고 말할 수 있을 때까지 얼마나 많은 숙고를 했는지 모르겠어요. 성을 민감하고 치열하게 생각하지 않았으면 책을 쓸 수 없었을 것이라고 생각해 봅니다. 상처로 얼룩진 경험에서 얻은 진실은 참 쓰지만 달았습니다. 성에 대한 방향성과 인류 보편적인 가치를 아우를 수 있는 필자만의 생각을 녹여내야 했습니다.

교사들이 성교육을 어려워하는 이유는 어려운 문제라고 생각해서입니다. 성은 쉽지 않은 것이며, 결코 쉬워서도 안 되기 때문이죠. 그렇다고 두렵거나 감추고 부끄러운 것은 더더욱 아닙니다. 지금껏 이런 태도가 수많은 문제를 일으켰고 우리가 한 선택을 실수로 만들었습니다. 성은 나와 너, 그리고 우리의 존재 이유입니다.

성교육이 교육의 핵심 키워드라는 것을 이제는 많은 사람이 잘 알아요. 중요한 본질은 변하지 않기 때문에 그 이유를 계속 되묻곤 합니다. 성교육이야말로 한 사람의 인생에 큰 영향을 미칠 수 있는 중요한 교육이기 때문입니다.

학부모에게 "성과 관련하여 무엇이 제일 고민인가요?"라고 물으면 매번 "딸이 미성년자일 때 임신할까 봐 걱정되어요." 혹은 "내 아들이 임신시켜서 누구의 인생을 망칠까 봐 걱정되어요."라고 대답합니다. 무한 반복인 이 루트를 끝내고 성숙하게 다음 단계로 나아가야 하는데 말입니다.

미혼모가 된 딸을 걱정하던 엄마는 아들이 동성애자인 엄마를 만나서 위안을 받습니다. 차라리 임신한 것이 더 낫다고 말이죠. 아들이 동성애자인 엄마는 성 소수자로서 내 아이가 대한민국에서 살아남지 못할 것이라는 걱정은 제쳐 두고 자신이 무엇을 잘못했기에 아이가 저렇게 되었을까, 무엇이 부족하기에 아이가 저렇게 되었을까 하는 생각을 먼저 했다고 합니다. 아이가 다른 것이 아니라 틀린 것이라는 생각에서 비롯한 것이죠.

필자는 이 책을 읽으면서 이런 생각들이 점점 변하여 우리 아이들을 살려 내는 성교육을 했으면 하는 소망이 있어요. 교실에서 마주하는 학생들에게 당연하게 지키는 '성 에티켓'이 생겼으면 하는 바람입니다. 모든 교과의 교육 과정에 교사의 성교육 결과가 자연스럽게 스며드는 것이죠. 성 정체성에 대해서도 지금부터 생각해 보도록 아이들에게 말해 주어야 합니다. 성 고정 관념이 어떻게 형성되고 있는지 틈틈이 살펴보면 사회적인 변화도 수용하는 청소년이 되어 주겠죠.

교육의 핵심 키워드가 성교육이 된 중요한 이유는 사랑이 없는 성 경험의 결말이 얼마나 허무할 수 있는지 알려 줄 수 있기 때문이에요. 후회 없는 선택을 할 수 있도록 교육해야겠죠. 아이들에게 작은 선택의 기회를 일찌감치 제공해서 선택의 힘을 깨닫게 하는 것입니다. 선택의 기회를 준다는 것은 책임을 위임하는 것이기 때문이에요. 어른이 된다는 것은 선택에 책임을 질 수 있는 나이가 되었다는 뜻이기도 하니까요.

선생님, 비밀은 지켜 주실 거죠?

"선생님, 이건 비밀인데요. ○○이가 사귄 지 100일째 날 같이 밤새 자고 했어요."

"벌써 100일이야. 언제인데?"

"크리스마스가 100일이에요. 그날이 100일이 되도록 날짜 계산한 친구도 많아요. 다른 친구들도 그날 파티한다고 했어요. 다른 커플들도 같이 있기로 했다는데 어떡해요?"

"넌 어떻게 하고 싶은데?"

"솔직히 전 잘 모르겠어요. 무섭기도 하고요. 그런데 ○○이가 헤어지자고 할까 봐 걱정되기도 해요. ○○이는 인기도 많고, 다른 여자아이랑 벌써 성관계도 해 보아서 제가 거부하면 헤어지자고 할 것 같아요."

중학교 3학년 여학생과 나눈 대화에는 불안한 감정이 보입니다. 청소년들의 이성 교제가 20년 전과 크게 다르지 않은 상황에 씁쓸함도 느낍니다. 그래도 진심으로 감사한 것은 이 친구가 필자에게 자신의 상황을 알려 주고 조언을 구했다는 점입니다. 그것이 교사에게는 희망이고 성교육의 중요성을 보여 주는 증거니까요.

교사를 신뢰하고 자신의 사적인 이야기를 할 수 있을 때까지 라포르 형성에 많은 시간을 들이게 됩니다. 어떤 친구들은 정작 중요한 이벤트(성관계) 날이 되면 연락을 끊어 버려서 결과를 예측할 수 있는 경우가 많습니다. 앞서 필자에게 조언을 들은 그 여학생은 어떻게 되었을까요? 남자 친구와 가슴 아픈 이별을 했습니다. 그 남자 친구의 이성 교제 목적은 여자 친구와의 성관계였습니다. 그것도 첫 성관계의 대상이 되겠다고 친구들과 내기를 했죠. 필자 입장에서는 가슴을 쓸어내린 상황이었습니다. 사례 여학생은 필자와 함께 여러 시간 이야기를 나누면서 마음의 상처를 치유해 나갈 수 있었습니다. 몸의 상처까지 나지 않은 것을 위로하고 스스로 자신의 가치를 세우며 멋진 어른이 되었습니다.

우리나라에서 처녀성을 지칭하는 '아다'라는 속어를 교사라면 들어 보았을 것입니다. 실제로 일찍 성관계를 맺는 친구들의 비율은 남성이 더 많은데, '아다 따먹기'라는 퇴폐적인 성문화가 일조를 했어요. 알면서도 모르는 척하는 청소년 문화가 만들어 낸 결과이기도 합니다. 아주 오래전부터 일탈 청소년들에게는 익숙했던 성폭력이었습니다.

또 부모의 권력은 막강하지만 아이들에게는 관심이 없는 가정에서 자란 자녀들이 휘두른 횡포이기도 했고요. 다른 한편에서는 부모를 포함한 가족 구성원의 가정 폭력과 방임에 노출된 친구들이 성 일탈에 가담합니다. 평범한 삶이 무엇인지 경험하지 못한 채 열악한 환경이 양산해 낸 결과이기도 합니다.

이미 성폭력 피해자라서 자신을 놓아 버린 경우도 많습니다. 친부나 친오빠, 사촌 오빠에게 성추행 등 성적으로 학대를 받은 안타까운 경우입니다. 영화나 야한 소설에서 다양하게 묘사되고 있는 실제 상황입니다. 학교에서 문제아로 낙인찍힌 아이들이나 학교 밖 친구들에게는 익숙한 이야기입니다. 자신의 무리에서 힘 있고 인기 있는 여성 혹은 남성 청소년에게 성을 상납하는 경우도 있습니다. 가정 폭력과 잘못된 양육으로 성폭력인 것조차 모릅니다. 힘 있는 대상에게 인정을 받고 사랑을 받고 있는 것이라고 착각하는 경우입니다. 청소년들이 성관계를 자신의 자존감을 드러내는 도구로 삼거나 상품화하는 것이 개인적인 선택만은 아니라는 말입니다. 아이들이 왜 그런 선택을 했는지 우리가 먼저 들어 줄 수 있어야 합니다. 청소년들의 진짜 이유에 관심을 가져 주셨으면 좋겠습니다.

평소에 아이들과 꾸준히 소통하고 교실 안에서 일어나는 아이들의 관계를 유심히 지켜보면 어느 정도 파악 가능합니다. '약한 것이 죄다'는 힘의 논리가 혹시나 교실 안에서 일어나고 있지는 않은지 꼭 살펴보세요. 교실에서 평등과 화합이 가능하면 학교 밖에서도 얼마든지 가능합니다. 우리 아이들의 잘못된 일탈 행동을 무작정 나쁘다고 판단하지 않는다면 아이들의 방황도 오래 가지는 않습니다. 단기적인 해결책이 아니라 우리 아이들의 인생 전체를 가늠해서 바라보아 주세요. 그렇게 하면 아이들을 바라보는 관점이 달라질 수 있습니다.

"그래, 흔들려야 청춘이고 아파야 청춘이야!"라고 공감해 주는 것도 좋습니다.

"심하게 아프지 않고 너무 세게 흔들리지 않도록 선생님이 함께할게!"라고 결심한다면 더욱더 감사하지요.

2부

배움에도 유행이 있다,
성교육 트렌드를 읽어라

진짜 성교육은 학교 밖에 있다

"선생님, 제가 잘 알고 있는지 사실 잘 모르겠습니다. 선생님 이야기를 듣다 보면 도대체 지금까지 무슨 교육을 받은 것인지 되돌아보게 됩니다. 제가 알고 있는 성 지식 대부분은 학교 밖에서 얻었습니다. 학교가 아닌 다른 사람에게, 출처가 분명하지 않은 곳에서 전해 들었습니다."

군대에서 막 전역한 한 남성과 이야기를 나누었습니다. 학교 안에서 하는 성교육은 임신과 출산 과정, 성폭력 대처법, 사전 대응 등만 강조합니다. 어쩔 수 없는 선택이었죠. 성교육 표준안에서 벗어나는 내용은 외부 강사에게는 허락되지 않습니다. 보건 교사를 중심으로 전 교직원이 성교육에 참여하려고 하지만, 충분한 교육을 할 만한 시간과 자원이 있었는지 하는 물음이 생기죠.

현실에 적용되는 대다수 성교육은 학교가 아닌 학교 밖에서 이루어지는 것이 일반적이에요. 중요한 성교육에 대해 아직도 구전의 힘이 존재한다는 것은 놀라운 일이죠. 정말 중요한 것인데도 "그러니까 그것을 꼭 말로 해야 아나요?"라고 되묻고는 했지요. 학교 성교육에서 다루지 않은 내용들은 결국 다른 통로를 찾을 수밖에 없습니다.

과거에는 성적 본능에 이끌려 호기심이 생겼을 때 어떤 방법을 시도했을까요? 1990년대 후반에 태어난 현역 군인들과 여대생들에게 궁금한 점을 어떤 통로로 해결했는지 질문해 보았어요. 매체들로는 만화책, 로맨스 소설, 영화, 포르노, 게임 등이 있었고, 성 정보를 제공해 준 사람들로는 친한 언니, 학교 선배, 남자 친구, 여자 친구 등이 있었습니다. 현재 아이를 둔 부모이거나 연령대가 높은 사람들은 직접 겪으면서 성 정보를 배웠다고 말했습니다. 실수하면서 스스로 배운 것은 그래도 괜찮아요. 잘못 배운 지식을 다른 사람에게 정답인 양 전달하는 것이 문제를 일으키지요. 또 다양한 의견을 들은 적이 없어 자신의 잘못된 행동을 고착화시켜 버린 것도 문제를 일으킵니다. 그나마 최근에는 방송 프로그램에서 강연 형식으로 성교육의 중요성을 인식하도록 도와주고 있습니다. 그 덕에 직접 자료를 찾아보거나 책과 영상을 찾아서 잘못된 정보를 수정하는 사람들이 많아졌어요. 우리 아이들도 마찬가지입니다.

직접 경험하고 배우는 것은 제일 확실한 방식이기도 하면서 제일 위험한 방법이기도 합니다. 직접 경험은 몸과 마음에 어떤 흔적을 남길 수 있거든요. 교육을 통한 간접 경험이 우선해야 할 것 중에 성교육이 대표적이라고 할 수 있어요. 먼저 축적된 정보를 제공해서 후회 없는 판단을 내리도록 가르쳐야 하겠죠. 그래서 다양한 성 이야기를 많은 사람이 검증해서 좋은 자료가 될 수 있으면 좋겠습니다. 사생활을 침해하거나 누군가에게 피해를 입히지 않는 방법으로요.

글을 읽을 줄 아는 나이가 되면 성에 호기심이 생겼을 때 제일 먼저 검색이라는 행동을 합니다. 검색이란 것을 모를 때는요? 내 기준에 믿을 만한 사람에게 질문을 하겠지요. 그런데 질문에 대한 답이 다수 의견이라는 이유만으로 정답처럼 받아들일 때 문제가 생깁니다. 청소년들은 고민을 상담하는 인터넷 카페에 미성년자임을 밝히고 성에 관련한 질문을 하기도 합니다. 그런데 단지 미성숙한 존재라는 이유만으로 인격 모독이나 가치 판단을 하는 경우가 있습니다. 이것에 상처를 받은 아이들은 스스로 감추어 버리거나 비난을 피해 자신을 옹호하는 쪽으로 마음을 돌립니다. 상처받기 싫은 마음에 듣고 싶은 것만 듣게 되는 편향적인 성향을 가집니다.

부모와 교사에게 궁금한 것을 질문하지 못하는 가장 큰 이유는 공감을 받을 수 없기 때문입니다. 1970년대와 1980년대를 살아온 부모 세대는 목적이 있는 교육이 아니면 받을 상황이 아니었습니다. 교육의 질보다는 양이 중요했고요. 수업 시간에도, 일상생활에서도 목표 지향적인 질문을 받고 대답을 찾아야 했죠. 지식과 지혜의 균형을 고려한 가르침을 받았지만 정서를 배제한 질문에 익숙한 교육 환경에서 자랐어요. 그래서 교육과 양육 방식 또한 성과 중심, 결과 중심으로 치우쳐 있죠. 서술보다는 단답형에, 주관식보다는 객관식에 강해요. 아이들을 향한 질문도 주로 폐쇄형입니다. 아이들에게 단답형 질문만 하고, 질문을 받았을 때도 짧은 문장으로 말하는 것에 익숙합니다. 짧은 시간에 답을 내리는 것에 길들여져 있기 때문입니다.

반대로 아이들의 교육 환경은 경쟁은 최대한 배제하면서 다양성을 존중하는 분위기입니다. 창조성을 강조하느라 답도 모범 답안도 이끌어 내기 힘듭니다. 또 졸업식 날 모든 아이가 상을 받으면서 동기 부여도 받습니다. 유아 교육부터 중학교 교육까지 개성을 존중받아요. 대안학교에서 부담 없이 교과 공부를 할 수도 있어요. 그러다가 고등학교에 입학하면서부터 입시라는 큰 장벽에 내몰리고 경쟁이란 것을 맞이합니다. 경쟁에서 살아남으려면 경쟁이 무엇을 의미하는지 알아야 하는데, 자유롭던 몸과 마음이 받아들이기에는 숨 막히는 입시 환경이에요. 가르치는 어른들은 익숙하지만 배우는 아이들은 익숙하지 않은 환경에 내몰리다 보니 소통부터 힘이 듭니다. 일관성 없이 급변하는 교육제도가 한몫했고요. 학교에서 제대로 된 성교육을 받은 적이 없어 가르치기도 벅찹니다.

〈그것이 알고 싶다〉 프로그램에서 데이트 폭력을 방송한 적이 있어요. 가해자가 가장 큰 문제이지만 성 인지 감수성이 낮은 주변인도 어느 정도 책임이 있습니다. 외국 조사 기관과 국내 수사 기관의 대처

방법 또한 명백하게 차이가 있었어요. 전통적으로 남성은 성적 우위에 있다는 고정 관념 때문에 남성이 관계를 주도적으로 이끌어 갔습니다. 여성은 감정적이라서 섹스보다는 관계 자체를 중요시해서 불편해도 참아야 한다는 고정 관념이 있습니다. 성 인지 감수성은 성차별적 요소를 감지해 내는 민감성뿐만 아니라 문제점을 극복할 대안을 찾는 능력까지 의미합니다. 그렇기 때문에 성교육으로 성 인지 감수성을 높여야 합니다.

학교 밖에서 다시 안으로 들어온 성교육은 성폭력 예방 교육에만 치중하느라 남학생들을 예비 가해자로 만들어 버렸어요. 미디어와 언론에서는 청소년들이 자라는 세상은 비극이라고 끊임없이 알립니다. 페미니즘의 긍정적인 부분은 꽁꽁 숨겨 두고 부정적인 기사와 사례로 남성 혐오와 여성 혐오를 조장하고 있어요. 학교 밖 성교육의 결과가 썩 좋지 않음을 분명하게 볼 수 있습니다. 이제부터라도 학교 안 성교육으로 관심을 돌리면 어떨까요?

2

성교육에서 젠더 교육으로,
나아가 인권 교육까지

"섹스를 오래 하면 아기가 더 크게 나오나요?"

"아기를 그 안(여성의 질)에서 꺼낼 줄 아는 사람이 정말로 있기는 있어요?"

"우리 엄마는 섹스와 아무 관련이 없다고 확신합니다. 아빠는 모르지만요."

이것은 영국의 한 초등학교에서 처음으로 성교육을 한 날 교사가 아이들에게 받은 질문입니다. 당황스럽지만 귀여운 질문들이죠? 우리나라 초등학생들은 질문 자체를 하지 않는 분위기라 조금 부럽네요. 성문화에도 나라마다 나름의 역사가 있어요. 우리가 성에 가진 생각이나 느낌 등이 어디서부터 시작되었는지 역사를 통해 아는 것은 중요한 의미가 있어요. 우리 성은 과거에서 축적되어 온 문화와 역사의 영향이기 때문이죠. 세계의 성 역사는 교육학자와 철학자를 배제한 채 이야기할 수 없습니다. 과학이 발전하면 전통적 신념을 벗어난 새로운 이념이 생기기 시작하니까요. 종교에 의한 마녀사냥은 부정할 수 없는 역사적인 사실이에요. 18세기에 생리적 성이 발전했다면, 19세기를 기점으로 심리적 영역에 집중하기 시작했습니다. 20세기에 들어 성에 대해 프로이드는 성적 본능이 인간 존재의 기본적인 측면임을 객관적이고 과학적인 방법으로 증명해 냈죠. 일반인에게 성에 대해 엄청난 충격을 준 것은 인디애나 대학 교수였던 킨제이가 연구한 보고서였어요. 『남성의 성생활』과 『여성의 성생활』은 동성애를 비롯한 성에 대한 편견을 깨뜨리는 데 큰 역할을 했어요. 킨제이 등급이라는 새로운 성적 지향도 배웠습니다. 대한민국의 성과 관련한 역사 자료는 얼마 되지 않은데, 이것으로 성교육에 대한 우리나라의 교육 좌표가 대략 어느 지점인지 알 수 있겠네요.

대한민국의 성교육은 언제부터 시작했을까요? 우리나라에서 성교육이 중요함을 인지하기 시작한 계기는 생각보다 단순해요. 1970년대 후반 인구는 너무 많은데 자원은 부족하므로 아직은 아이를 키울 때가 아니라는 경제적인 논리에서 출발했어요. 그렇게 갑작스레 시작한 성교육이 방향을 잡기란 쉽지 않았습니다. 성교육이 성에 대한 올바른 인식과 학습을 위해 시행되는 교육이라고 하지만, 선진국에서는 단순하게 성교육이라는 용어만 쓰지 않아요. 성교육은 생리적인 용어와 심리적인 용어를 이해하는 것에서 시작합니다. 처음으로 학부모가 된 부모들을 교육할 때, 심리학자 칼 융과 프로이트가 말한 리비도만 이야기해도 깜짝 놀라요. 하지만 성적 충동과 성적 쾌감에 대해 아이들의 행동을 빗대어 설명하면 금방 이해합니다. 아이를 직접 키워 보니 실제로 아이들은 자기 몸을 갖고 놀기도 합니다. 아이들도 자신의 몸을 좋아하고 기분 좋은 쾌감을 잘 찾아냅니다.

독일은 사고방식이 매우 보수적인 나라로 유명합니다. 그럼에도 1992년부터 의무 교육으로 성교육을 실시했어요. 초등학교 저학년 때부터 성관계 체위는 물론 모든 주제를 다루며 정확한 피임법을 교육하지요. 덴마크나 스웨덴처럼 개방적인 성교육을 하는 나라도 성적 성장과 가치관을 확립하는 영역까지 확대해서 교육하고 있어요. 유아기 때부터 부모가 직접 읽어 줄 수 있도록 관련 책도 어디서나 쉽게 찾을 수 있고요. 우리가 성교육이라는 용어보다 성 평등 교육이라는 용어를 쓰고 난 뒤 얼마 되지 않아서 젠더 교육이 유행했습니다. 하지만 종착지는 인권 교육이어야 하겠죠. 성교육과 인권 교육을 분리하는 것이 아닌 성을 넘어선 인간 자체에 대한 존중이 바탕이 되어야 해요.

성교육 대상은 성교육이 필요한 국민 모두여야 합니다. 그러므로 교육 효과를 높이려면 어릴 때부터 가르치는 것이 좋겠죠. 국제교육과학문화기구인 '유네스코'에서는 국제 성교육 지침서에 5세부터 체계적인 성교육을 실시해야 한다고 명시합니다. 성교육 교사로서 성에 대해 일찍부터 진실을 마주하지 못해서 많은 희생이 있었기 때문에 조급해진 마음을 부정할 수가 없네요. 인간의 뇌 때문에, 혹은 인간에 대한 무관심 때문에 때로는 과한 호기심으로 곪아 버리고 터진 부분들이 늘어났어요. 성교육이 젠더 교육을 향하고 이제는 인권의 중요성을 선언할 수 있다는 것에 위로를 삼고 있습니다. 그 과정에서 진통이 있고 여러 가지 갈림길이 보이기에 방황을 하는 중이라고 생각해요. 성교육 흐름을 살펴보는 이유는 앞으로 5년, 10년 뒤를 그려 보고 방향성을 함께 고민하고 싶기 때문입니다.

남녀의 신체 구조가 같아지는 일은 일어나지 않습니다. 그래서 차이가 있다는 것을 인정할 수밖에 없어요. 차별은 차등이 있게 구별하는 것을 말하지요. 남녀 차이를 인정하지만 남녀 차별을 해서는 안 되는 것이죠. 남녀 차이가 있으니까 차별을 한다는 것은 말이 안 됩니다. 2018년 12월 10일 70번째 세계인권의 날을 맞이한 의미 있는 이때에 말이죠.

현재 성교육의 핵심은 성에 대한 개념(섹스, 섹슈얼리티, 성에 관련한 용어)과 성폭력 예방법을 안내하고 있어요. 그런데 인권 교육은 인간을 이루는 구성 요소인 생각, 몸, 마음, 성에 대한 구분, 인간관계 전반을 아우르는 교육입니다. 인권선언문 전문에 그 핵심 가치와 내용이 담겨져 있습니다.

인류 가족 모든 구성원의 타고난 존엄성과 평등하고도 양도할 수 없는 권리를 인정하는 것이 전 세계의 자유와 정의와 평화의 기초이며, 인권에 대한 무시와 경멸이 인류의 양심을 짓밟는 야만적 행위로 귀착되었으며, 인류가 언론의 자유와 신념의 자유를 누리고 공포와 궁핍으로부터 자유로운 세상은 보통 사람의 지고한 열망으로 천명되었고

(중략)

모든 개인과 사회의 각 기관은 이 선언을 항상 마음속에 간직한 채, 교육과 학업을 통하여 이런 권리와 자유에 대한 존중을 신장시키기 위해 노력하고,

(중략)

모든 국민과 모든 나라가 성취해야 할 공통의 기준으로서 본 세계인권선언을 선포한다.

〈제2조〉
모든 인간은 인종, 피부색, 성, 언어, 종교, 정치 또는 그 밖의 견해, 민족 또는 사회적 출신, 재산, 출생 또는 다른 지위 등과 같은 그 어떤 종류의 구별도 없이, 이 선언에 제시된 모든 권리와 자유를 누릴 자격이 있다.

(중략)

〈제7조〉
모든 인간은 법 앞에 평등하며, 어떤 차별도 받지 않고 법의 동등한 보호를 받을 권리를 갖는다.

(중략)

　　국제교육과학문화기구(유네스코)도 흐름에 발맞추어 생물학적 성(sex)뿐만 아니라 인권과 성 평등 개념을 포함시켰어요. 다른 사람과 원

만한 관계를 맺고 살아갈 수 있도록 '포괄적 성교육' 시행을 강조합니다. 우리나라 성교육은 외국에 비해 아직 부족한 면이 있습니다. 그렇지만 성폭력 내용은 확실히 교육했기 때문에 스쿨 미투 운동도 시작할 수 있었습니다. 잘못된 상황임에도 무서워 말하지 못했습니다. 그런데 혼자만의 생각이 아니란 것을 확인하고 모든 상황을 용기 있게 밝혀내기 시작한 것이죠. 교사들과 학생들이 가장 밀접한 학교라는 공간에서 일어난 경우에는 더 조심스럽고 예민하게 해결해야 합니다.

한발 더 나아가 인권 교육을 통해서 여학생 교복에는 바지가 없고 치마의 허리 라인이 좁아서 불편함을 모두가 인식하게 되었습니다. 남학생도 슬프면 소리 내서 울 수 있다는 것을 깨달았죠. 공부를 잘해서 예쁜 여성을 만나는 것이 남성의 인생 목표라고 생각하지 않습니다. 돈 많고 잘생긴 남성을 만나는 것이 성공한 여성의 표본이라는 생각을 부끄러워할 줄 압니다. 우리는 아이들에게 분명히 말할 수 있어야 해요. "너희들에게는 어느 누구도 함부로 할 수 없는 천부적인 권리가 있다는 것을요. 다른 누군가가 네 인권을 무시하는 행위를 한다면 당당하게 거부해야 한다고, 너를 함부로 하는 것은 그 어떤 것도 수용하지 말라고 말이죠." 그것을 제일 먼저 알아차리는 것이 중요하다고 가르쳐 주어야 합니다.

3

교사, 학생, 부모의 성교육

명절날 친척들이 한자리에 모였습니다. 친척 어른들은 반가운 마음에 청소년들에게 관심을 표현합니다.

"왜 이렇게 살이 쪘어. 무슨 고민이 있어?"

(그럼 이모는 고민이 아주 많으시겠군요?)

"안색이 왜 그래? 결혼하더니 마누라가 밥 안 챙겨 줘?"

(다 큰 어른이 밥을 먹지 말란다고 안 먹나요? 마누라가 꼭 밥을 챙겨 줘야 먹나요? 저도 밥 차려 먹을 줄 알아요. 그리고 제 아내가 지금 같이 듣고 있다고요!)

"애, 학생이 머리 색깔이 왜 그 모양이야?"

(누군가 직장에서가 될 직장 인생인데, 제 머리에 관심 갖지 마시고 교육 수준에 관심을 가져 주세요.)

"남자가 밥벌이는 해야지, 시원찮게 아직도 취업을 못했냐?"
(제가 밥 벌어 오는 기계인가요. 그보 시원하게 해드릴 생각 없는데요.)

　학생들과 '마음의 소리'라는 주제로 콩트를 만들어 보았습니다. 괄호 안은 청소년들의 마음 소리입니다. 청소년들은 '아무 말 대잔치'도 아니고 명절은 누구를 위해 모이는지 모르겠다고 말했습니다. '명절 증후군'이 며느리에게만 있는 것은 아닙니다. 전쟁과 가난에 익숙한 나라에서 사느라 과거에는 밤새 안녕한지가 중요했습니다. 아침에 안색을 살피며 안부를 묻는 동방예의지국의 나라가 되었습니다. 세월이 흘러 '안부'를 묻는 인사는 외모를 평가하는 고정 관념이 되어 버렸습니다. 사태가 심각해지고 결혼한 자녀의 성 생활까지 간섭하려는 오지랖이 넓은 나라가 되어 버렸어요. 자연스럽게 외모로 평가를 내리는 외모지상주의도 만연했고요. 오랜만에 만나면 일단 외모로 관심을 표현합니다. 조카에게 혹은 미혼인 누군가에게 말이죠. 보통 여성과 취업 준비생인 남성이 대상이 되곤 해요. 그렇게 물어보지 말라고 해도 소용이 없어요. 집단 무의식이 그래서 무섭다고 생각합니다.

　발칙한 성교육을 관심 있게 읽는 주요 독자층이 있습니다. 어떤 사람을 대상으로 성교육 책을 쓰고 있느냐고 물어보는 사람들이 있습니다. 이때마다 필자는 교사가 읽는 글이므로 결국은 모든 사람을 대상으로 한다고 말합니다. 교사와 함께할 수 있는 성교육은 결국 아이들과 학부모에게도 자연스럽게 스며들기 때문이죠. 엄마만을 대상으로 하는 성교육, 아이들만을 대상으로 하는 성교육으로는 충분하지 않아요. 아이들이 학교에서 배우는 성을 저 역시 배우고 싶어요. 이런 과정이 함께 나눌 수 있는 우리들의 성을 위한 지름길이라고 확신해요. 지금 아이들이 받는 교육 환경을 관심 있게 살피면서 미래를 예상하고 싶거든요. 국가에서 미래를 위한 성교육을 실시할 때입니다. 누군가의 목적과 필요에 따라 시행되는 성교육이 아니어야 합니다. 성교육으로 아이들이 성장할 수 있도록 돕고 우리 역시 성장할 수 있어야 해요. 국가에서 성교육 표준안까지 만든 이유는 더 이상 개인에게만 그 책임을 떠넘길 수 없었기 때문입니다. 성과 관련한 중요한 통계 조사를 할 때도 비밀 유지가 어려운 상황에서 실시해요. 처음으로 성 경험을 언제 했는지 묻는 질문에 학교 밖 청소년을 제외시키기도 하고요. 또 폐쇄된 공간에서 누가 어떤 문항에 체크했는지 가늠할 수 있는 설문 조사인데 얼마나 솔직하게 답변을 했을까요? 지금 조사된 결과의 수치보다 적어도 5% 이상은 높다는 것이 전문가들의 견해입니다. 학부모도 가정 환경을 조사하는 질문지에 체크할 때 혹여나 아이들에게 영향을 미치는 문항은 없는지 조심스럽게 하는데 말이죠. 학부모도 청소년들의 성 관련 설문 조사의 결과치가 수준 이상이면 그 신뢰도를 의심하고는 합니다. 실제로 판결까지 난 성폭력 문제를 사례로 들면 '진짜요?' 하고 반문하며 현실을 부정하기도 해요. 이런 사례를 거짓으로 말해서 무슨 이익이 있을까요? 두려움으로 경각심은 심어 줄 수 있지만, 진실은 오히려 인정하기 힘들 때가 더 많아요.

학교에서 성교육을 받은 경험이 있는 한 중학생은 "선생님 우리 엄마, 아빠도 섹스를 해요?"라고 질문했습니다. 생식기 건강과 태아, 임신과 출산이라는 주제를 다룰 때는 오히려 직접적으로 와닿는 교육을 지향해야 합니다. 미국에서도 아기 인형과 일주일 동안 동반 생활을 하도록 해요. 아기 인형은 24시간 실제 영아의 패턴처럼 모든 생리 활동을 합니다. 울고 먹고, 잠도 잡니다. 육아에 대한 책임감과 생명의 소중함을 직접 몸으로 겪어 보는 것이죠. 청소년들이 자신의 탄생과 관련한 것부터 교육을 받습니다. 성관계와 생명의 탄생을 분리하는 것이 아니라 확장이 되는 교육을 실시합니다. 남녀가 만나 연인으로 발전하고 데이트를 하는 가슴 설레는 상황도 이야기하고, 데이트 폭력도 배울 수 있어야 해요. 엄마, 아빠의 연애 시절 이야기도 짐작해 볼 수 있어야 부모의 성관계 유무가 고민되지 않겠죠? 그래야 사춘기 때 '어느 날 문득' 자기라는 존재가 낯설게 다가오지 않아요.

자신의 탄생이라는 주제를 다룰 때는 사전에 가정 환경이 다른 아이들에게 솔직하게 물어보아도 됩니다. 청소년들은 그렇게 하는 것이 진짜 배려라고 많이 생각하거든요. 한 부모 가정인 친구들에게도 솔직함이 필요하다는 것을 자신들도 어느 정도 알아요. 필자도 청소년기에 배려의 취지로 감추고 눈치를 보는 것에 큰 상처를 받았습니다. 일반적이지 않은 가족 구조에 대한 편견을 버리고 모두에게 다양한 형태의 가족이 있을 수 있음을 교육해야 해요. 이혼 가정, 한 부모 가정, 조부모 가정 등도 오해 없이 다룰 수 있어야 합니다. 교사의 고정 관념에서 묻어나는 감정은 아이들에게 고스란히 전해지기 때문에 많은 노력을 기울여야 합니다. 그래야 다른 아이들도 교사에게 고정 관념을 갖지 않아요. 신뢰가 쌓인다고 해야 할까요? 프로그램을 구성할 때 꼭 남겨야 할 메시지는 지금 어떤 생각을 품고 어떻게 오늘을 보낼지는 오로지 아이들 자신이 선택해야 한다는 것입니다. 그렇게 되면 자신의 환경을 탓하며 그 자리에 머물지 않게 됩니다. 오늘의 자신을 중요하게 생각하면 내일의 자신도 기대할 수 있는 희망이 생기니까요.

성교육의 대상과 목적을 늘 분명히 하고 시작하는 것이 좋아요. 그래야 오해하지 않거든요. 생식기 명칭도 정확하게 알려 주면서 다이내믹한 탄생 스토리텔링을 할 수 있습니다. 단순하고 명료하게 청소년들은 엄청난 경쟁을 뚫고 생존한 소중한 존재임을 스스로 느낄 수 있도록 말이죠. 가정에서 아이들에게 태몽 이야기를 꾸준히 했을 때 아이들의 자존감이 얼마나 높아지는지 알면 매우 놀랄 것입니다.

모두가 성에 관련한 정확한 용어를 익숙하게 사용할 수 있는 환경이 되어야겠어요. 입에서 익숙해져 버리면 누구에게나 더 이상 자극이 되지 않습니다. 그래서 불필요한 상상력을 가동시키지 않고 자연스럽게 느껴요. 아이가 "엄마 아까 소변을 참았는데 성기가 불편해요. 어떡

해요?"라고 처음으로 성기라는 용어를 썼을 때는 신선하게 다가왔어요. 품위가 있다고 해야 할까요? '성을 제대로 배우니까 언어를 구사할 때 맵시가 나는구나' 하고 느꼈어요. 필자뿐만 아니라 부모를 교육하는 현장에서도 정확한 용어에 대한 이야기를 나눕니다. 학부모도 아이들이 자신의 신체가 불편하거나 아플 때 그것을 알아차리고 정확한 용어로 표현할 것이라고 기대하게 되었습니다. 성교육은 모두가 편안하고 안전한 생활을 위한 것이 목적이어야 합니다.

제4차 산업혁명 시대의 성교육, 유튜브를 만나다

앞으로 5년 안에 사라질 직업이 몇 개나 될까요? 정보 통신 기술의 발전으로 사람들의 생활과 사회가 이전보다 더 빠르게 변화할 것이라고 전망하고 있어요. 네이버 검색란에는 자동 완성 기능이라는 것이 있어요. 문자 시대를 살아온 우리는 영상 시대를 살아가는 아이들과는 정보를 처리하는 능력에서 차이가 큽니다. 뇌 구조가 다르다고 표현하기도 합니다. 우리가 아는 제4차 산업혁명과 아이들이 피부로 느끼는 것은 확연한 차이가 있지요. 이제는 상상하던 것을 바로 눈으로 그려 내고 생생히 만져 볼 수 있는 시대가 되었습니다. 3D 프린터를 처음 경험했을 때의 신선한 충격을 잊을 수가 없네요.

수업 시간에 제4차 산업혁명의 정의와 다양한 기법을 소개합니다. AR 증강현실과 VR 가상현실이 대표적입니다. 게임을 비롯한 직업 체험, 의료 분야 등 혁신적인 인프라를 구축하고 있어요. 교육 분야에서도 제4차 산업혁명과 관련한 막대한 예산을 쏟고 있습니다.

영화 〈토탈 리콜〉에서는 냉동되었다 깨어나 미래를 맞이한 경찰관이 주인공으로 나옵니다. VR 기계를 쓰고 성관계 체험을 하던 장면이 인상 깊었는데요. 영화에서 보았던 그 장면이 이제는 현실이 되었어요. 성과 관련한 기술 발전도 예외가 아닙니다. 성과 관련되는 것은 어떤 기술보다 빠르고 은밀히 발전하고 있습니다. VR을 이용한 성 체험이 이미 상품화되어 있다는 정보가 낯설지 않습니다. 검색만 해 보아도 자동 완성 기능으로 손쉽게 관련 웹 사이트에 접속할 수 있으며, 여성의 나체와 음성을 적나라하게 보여 주어요. 아무런 제약 없이요.

한 번 검색한 키워드는 알고리즘으로 계속 재생산됩니다. 자신도 모르는 사이에 계속 반복적으로 노출되도록 설계한 것이죠. 지속적인 정보 노출은 예민했던 감각을 무디게 해요. 포르노를 시청하면서 자위하지 않도록 권하는데 실제 성 경험이 무뎌지기 때문이에요. 하루 빨리 기술의 발달 속에서 교육의 전달 체계를 다시 한 번 점검해야 할 때인 것 같아요. 흥미를 일으키지 못하는 수업은 더 이상 어떤 교육적 자극도 주지 못한다는 현실을 인정해야 합니다.

겨울 방학 숙제에 '내가 좋아하는 취미와 관련하여 유튜브 영상 제작해 보기'가 있어요. 필자는 디지털 마케팅 관련 일을 시작하면서 유명한 크리에이터들을 알게 되었죠. 직접 콘텐츠를 개발하고 연습하고 꾸준히 업로드하는 일은 쉽지 않아요. 그럼에도 아이들의 선호 직업 1순위는 '유튜버'랍니다.

정보를 습득하고 자신만의 것으로 재생산하는 능력 없이 새로운 창조란 있을 수 없어요. 이것은 교육의 지대한 역할이죠. 우리에게 쏟아지는 무분별한 성 정보와 관련하여 무엇이 도움이 되고 검증된 정보인지 구분할 수 있어야 해요. 그렇게 하기 위해서는 다양한 정보를 탐색할 수밖에 없어요.

아이들에게 분별력을 키워 주려면 안전하고 믿을 수 있는 환경에서 정보를 마주하고 검토할 수 있어야 해요. '분별력이 없는 아이들에게 오히려 쓸데없는 정보를 주입시키는 것은 아닐까요' 하고 말하는 사람도 있습니다. 자신에게 어떤 정보가 쓸데없는지를 알아야 절제도 할 수 있습니다. 선택의 폭이 넓어서 혼란스러운 면도 있지만 생각의 폭이 넓어지기 때문에 정보 수준은 더욱 높아집니다. 디지털 세상에서는 지적 수준과 경험 수준을 높이는 수밖에 없어요.

세계적인 역사학자 '유발하라리'는 약 30년 뒤인 2050년을 예견하면서 인류가 무엇을 준비해야 하는지 언급했습니다. 앞서 아이들은 자란다고 말한 것과 비슷하게 그 역시 "오직 모든 것이 변한다는 사실만 유효하다."라고 말했어요.

변화는 이제 선택이 아니라 필수입니다. 인류가 미래를 정확히 예견한 적은 없지만, 판타지 영화에서 보여 주던 일들이 현실이 된다는 사실은 확실해요. 다만 사회의 근본적인 요소는 크게 변하지 않기를 바랍니다. 하지만 그것조차 변할 수 있다는 가능성을 배제할 수는 없지요. 많은 교육전문가가 비판적 사고, 의사소통, 협력, 창의력을 토대로 한 학교 교육의 중요성을 말했습니다. 기술이 아니라 적응력, 변화에 대처하는 능력의 중요성을 강조한 것이지요. 그래서 지금의 성교육이 더욱 중요할 수밖에 없어요. 자신을 재조명하고 면밀히 살펴볼 수 있는 기초니까요.

제4차 산업혁명 시대에 유튜브를 만난 성교육은 더욱 빠르게 변화하고 있습니다. 최근에 유튜버들이 직접 임신 체험을 하고 소감을 남겼습니다. "임신은 벼슬입니다!"라는 결론이었지요. 아이들도 검증이 된 동영상 내용을 보고 임산부를 조금은 이해하게 되었다고 했습니다. 임신과 출산을 장려하는 사회적인 분위기를 조성하는 데 유튜브를 활용하는 것도 좋습니다. 결혼과 임신을 거쳐 육아의 현장까지 인생 여정을 간접 체험하는 성교육을 준비해야겠습니다.

유튜브는 청소년들에게 세상을 바라보는 또 하나의 창입니다. 세계를 하나로 연결해 주는 방대한 플랫폼입니다. 그 속에서 나보다 나를 더 잘 아는 알고리즘이 우리를 지배할 수 있다는 사실을 자각할 수 있어야 해요. 기술에 지배되지 않으려면 결국은 자기 스스로를 조절하고 다스릴 수 있어야겠지요.

'자기 조절력'과 타인을 이해할 수 있는 '조망 수용 능력', 실패했을 때 다시 일어설 수 있는 '회복 탄력성' 등을 갖추어야 하죠. 자신을 깊이 있게 통찰하지 않는 한 이루어질 수 없다는 것을 깨달았어요. 제4차 산업혁명 시대에 유튜브를 만난 성교육은 청소년과 교사 사이의 간극을 줄여 줄 수 있는 통로가 될 수 있어요. 아이들과 다양한 주제를 섭렵하면서 에너지 넘치는 창조 활동을 할 수 있기를 바랍니다.

5
책으로 배운 세대의 성교육?

"키스를 책으로 배웠어요. 책에는 이렇게 나와 있어요. 턱과 목 사이를 양손으로 가볍게 잡고, 고개를 약간 비틀어서 슬그머니 들이대는 거죠! 이때 여성이 눈을 살짝 감으면 허락한다는 뜻이고요."

부부 성교육 시간에 한 아빠가 수줍지만 용기를 내서 이야기를 꺼내자 박수가 터졌어요. 갑자기 너 나 할 것 없이 다른 아빠들도 책에서 비슷한 내용을 본 것 같다고 말했어요. 묘하게 동질감으로 라포르가 형성되자 분위기 좋게 토론을 할 수 있었습니다. 그나마 과거에도 상대방의 감정을 존중하면서 이성 간에 스킨십을 안내하는 책이 있었다니 다행이라고 하셨어요.

KBS2 〈해피투게더〉 프로그램에 기혼인 남자 배우가 출연했습니다. 자녀 성교육이 현실적으로 어렵다며 이야기를 이끌어 갔죠. "차라리 착한 야동이 있다면 아이들에게 잘못된 성 의식이 자리 잡지 못하도록 조금이나마 막을 수 있지 않을까요?"라며 말했어요. 결국 아이들은 야동을 접하는 시기가 오는데, 이때 몰래 훔쳐 볼 수 있는 '착한 야동' 말이에요. 필자도 격하게 공감하는 내용이었습니다. 선진국에서는 이미 동영상으로 제작한 경우도 많습니다. 독일에서는 포르노 영상을 수업 시간에 함께 보면서 교육하기도 합니다. 우리도 성교육이 정식 교과가 되면 가능할 수도 있습니다.

필자가 처음 접한 성교육 책은 만화책이었습니다. 사춘기에 대한 성을 만화로 그려서 쉽게 설명한 책이었는데, 부모님 몰래 보다가 들켜서 혼났던 기억이 납니다. 지금의 WHY와 같은 책이었죠. 유튜브에서 보면 우리나라 학생들이 직접 다른 나라의 성교육을 비교한 내용들도 있어요. 앞서 우리나라 성교육은 순결 교육이라고 지적했는데요. 콘돔이 없어 비닐을 사용했다는 네이버 지식IN에 올라온 실제 사례는 아이들에게도 충격적이었습니다. 또 OECD 국가 중 피임 사용률은 최하위이면서 법으로 금지하고 있는 낙태율은 최상위를 차지하고 있으니 성의식 수준을 알 수 있다고 이야기합니다. 더 이상 책으로만 배운 세대들의 이념은 받아들이지 않아요. 학교에서 피임 교육을 한다고 하니까 학교 게시판에 창녀, 창남을 만드는 교육을 한다는 댓글이 달렸어요. 아이들은 학부모가 자신들을 진심으로 걱정하고 있는지 반문합니다.

선녀와 나무꾼 이야기를 성교육 현장에서 자주 합니다. 현대판 버전으로 바꾸면 나무꾼은 감금죄를 저지른 범죄자이며 형량도 결코 가볍지 않습니다. 우리는 왜 전래동화를 조금도 의심하지 않고 받아들였을까요? 안타깝게도 주입식으로 책을 통해 성을 배운 세대이기 때문입니다. '김장'을 주제로 하는 책에 여성만 분주하게 움직이는 내용이 있다면 민감함을 품을 수 있어야 해요. 무거운 무와 배추를 함께 나르고, 김칫소를 버무리기 위해 빨간 고무장갑을 낀 남성들을 그려 넣을 수 있어야겠죠. 인권 교육에 신경을 쓰는 교사도 많이 있으니 점점 나아질 것으로 기대합니다.

현실적이라는 말은 현실에서 통한다는 뜻인데, 성교육 역시 마음이 통해야 아이들이 공감합니다. 당장 어떤 사건에 맞물려야 교육 효과가 나타나는 경우가 있습니다. 어느 정도 이슈화된 사건들을 사례로 드는 경우가 많은데요. 견해가 한쪽으로 치우치거나 남학생들을 예비 가해자로 만들어 버리는 분위기, 남녀 간에 분열을 조장하는 기사와 댓글이 달린 사건은 조심해야 합니다. 자칫 분위기가 험악해지거나 심리적인 저항들이 여과 없이 드러날 수 있어요. 요즘 성교육 전문가들이 빈틈없게 접근하려는 민감한 부분이기도 합니다. 그래서 학교에서는 여성 위인들에 관한 이야기처럼 한층 부드럽게 성교육을 시작하는 것이 좋습니다.

아이들이 관심 있게 살펴본 여성 발명가를 소개하겠습니다. 자동차 와이퍼를 만든 매리 엔더슨, 방탄복의 어머니인 스테파니 퀼렉, 백혈병과 AIDS 약 등을 개발한 거트루드 벨 엘리언 등이 있어요. 게다가 백설

공주와 캣 우먼에 영감을 주고 삼손과 데릴라로 이름을 알린 미국 배우 헤디 라머는 주파수 도약 기술을 개발해서 GPS, 와이파이, 블루투스, 휴대 전화 통화 등 스마트한 세계를 경험하게 해 주었죠. 그녀를 주인 공으로 한 영화 〈밤쉘〉도 개봉했습니다. 이처럼 자주 접할 수 있는 주제를 가지고 일상생활에서 성 평등에 관하여 생각할 기회를 제공할 수 있어야 합니다.

때에 맞는 적절한 성교육은 효과 면에서도 탁월할 수밖에 없습니다. 성교육을 광범위하게 다루면 좋지만 아직은 어려운 면이 있어요. 그렇다고 성 위험 행동을 줄여야 한다는 좁은 의미에서 교육을 하면 임신을 피하고 성병 예방, 성폭력 근절 등으로 제한될 수밖에 없습니다. 성을 책으로 배운 세대는 소리와 영상으로 배우고 있는 지금 세대에게 수준을 맞추어야 한다는 부담감을 갖고 있어요. 그래도 배우고 가르치는 것에 전문가인 교사들은 얼마든지 가능하다고 믿습니다. 우리에게는 직접 겪은 경험도 있고, 검증된 정보를 분별하는 능력도 있으니까요.

우리도 교사가 처음이었고, 아이들에게도 처음 겪는 많은 것들이 있지요. 서툴지만 배워 나가는 과정에는 첫 순간에만 느끼는 감정이 있어요. 안타깝지만 그때 감정으로 다시 돌아가기 힘들어요. 그래서 처음은 늘 애틋함으로 남는 것인가 봅니다. 청소년들에게 이론으로 배운 성에 대해 그것이 실제로 가능한지, 자신이 행복에 이르는 길인지를 자꾸 물어보아야 해요. 교사는 자신만의 답을 찾아 나갈 수 있도록 옆에서, 뒤에서 지켜 주고 때로는 앞에서 이끌어 주어야 합니다.

성교육에도 유행이 있다

2016년 전교조 성폭력 실태 조사 결과에 따르면 여성 교사의 70%가 성폭력 피해 경험이 있다고 합니다. 아이들도, 교사들도 모두 피해자인 셈이죠. 인터넷이 발달하면서 성교육도 새로운 흐름을 맞이했어요. 생식기와 출산에 집중하던 성교육보다는 성의 가치를 중심에 두는 교육으로 변하고 있습니다. 성폭력 피해 사실을 말하지 못하고 있다가 미투 운동이 시작되고 얼마 뒤 용기를 낸 사람이 많아요. 여성뿐만 아니라 남성도 많습니다. 성폭력은 단기적인 대책으로 해결할 수 없는 범위의 문제입니다. 다양한 상황을 고려해서 성교육의 현 실태를 냉정하게 살펴보아야 합니다. 20년 전에도 청소년 집단 성폭행, 청소년 원조교제, 연예인 성 상납 등 문제는 있었습니다. 그 당시 직접 현장에서 청소년기를 경험했고, 연예인 지망생 친구들이 아파하는 것도 눈으로 보았습니다. 지금도 세 아이를 키우면서 엄마와 교사로서 또 보고 겪어 내고 있고요. 그때는 대다수의 사람들이 성추행이 무엇인지조차 몰랐어요. 알아도 모른 척하고, 겪어도 감추며 참아 냈으니까요. 지금은 불평등하지 않은지 자신의 권리를 찾아가고, 남성도 잘못된 점을 인정하기 시작했습니다. 그래서 드러나고 이슈화되고 있는 것이죠. 있었던 일이 없어지는 것도 아니고 있는 사실을 밝힌 것뿐인데도 말이에요.

예전 같으면 대한민국에서 성폭행 생존자가 방송에 나오는 것이 가능한 일이었을까요? 피해자라고 도와 달라고 말할 수나 있었나요? 무참히 찢기고도 숨죽였던 엄마들이, 제자들이, 딸들이 목소리를 내고 있는 것입니다. 남성들은 함구하거나 들어도 못 들은 척, 안 들리는 척하던 시대였습니다. 영화에서나 볼 수 있었던 참혹한 이야기들이 다 현실을 그린 것이었지요. 현장에서 듣고 보면 차라리 영화가 낫지 싶은 일도 있습니다. 그러나 이제는 들어 주는 남성들도 있고, 앞장서서 여성 권리를 옹호해 주는 사람들도 있습니다. 미투 운동과 성 관련 법의 강화가 그 증거 아닐까요?

'저를 함부로 만지시면 안 돼요, 싫어요, 하지 마세요'를 배운 적이 없었던 세대가 달라지고 있습니다. 불쾌한 감정을 표현이라도 하면 무시하기 일쑤였는데, 이제는 올바른 방법으로 당당하게 표현하라고 말할 수 있습니다. 범죄도 은밀하게 감출 수 없는 시대가 되었어요. 성 인지 감수성이 과거보다는 높아졌습니다. 교사와 부모 입장에서 신경 쓰고 노력하면 안전하게 키울 수 있는 시대입니다. 우리가 무엇을 할 수 있는지 방향을 잡고 일단 직진해야 합니다. 당연히 우리가 앞장서야겠죠. 교육이 책임지고 담당해야 한다고 생각합니다.

성폭력 예방 교육이 주를 이루었다가 공교육이 해결해 주지 못하니 아들 성교육, 딸 성교육 이렇게 유행이 되고 있어요. 바람직한 부분이라고 생각해요. 그런데 정확히 말하면 성교육이 중요하다는 인식의 유행이 시작되었어요. 성교육에도 유행이 있다면 좀 더 성숙하고 지속적인 유행이 되도록 주도해야겠죠. 문제 해결에만 초점을 맞추는 것이 아닌 새로운 가능성을 보는 것이 교육이라고 생각하니까요. 성교육도 이제 새로운 가능성을 보면서 두려워하는 것이 아닌 우리의 가르침으로, 우리가 갖고 있는 아이들에 대한 믿음으로 나아가야 할 때라고 확신합니다.

'착한' 성교육에서 '발칙한' 성교육으로

호수에 돌을 던지면 물보라가 일면서 밑에 깔려 있던 진흙이 올라옵니다. 잠자고 있던 물고기들도 도망치죠. 잠잠해 있던 호수 밑바닥이 어떤 상태인지 잠깐이지만 엿볼 수 있어요. 필자 역시 고인 물이 있는 교육 현장에 돌을 던지고 있습니다. 성교육은 물론 집단적인 의식 변화의 초입에 들어선 대한민국에서 먼저 앞장선 귀중한 사람들이 있습니다. 필자는 그 흐름에 올라탔음에도 쉽지 않았습니다. 청소년기를 격렬하게 보낸 경험자로 성에 대한 편협한 시선과 증오를 겪어 보았지요. 힘겹게 버티고 마주한 세상살이에서 깨달은 것은 자살이 유일한 답이 아니라는 사실이었습니다. 치열하게 버티다 보니 발칙함도 용서가 되는 세상이 되어 있었습니다. 그래서 상처받고 삶을 원망하며 죽음만 바라는 친구들을 건져 내야 했습니다. 오프라 윈프리, 구성애 선생님처럼 먼저 용기를 낸 분들이 필자에게 힘을 주었어요. 필자를 아프게 한 남성과 성별은 같아도 생각과 행동이 절대적으로 다른 남성인 남편과 남동생은 필자를 어둠에서 건져 냈습니다. 그래서 필자도 누군가를 살리는 사람이고 싶습니다. 필자와 함께하는 많은 교사를 만났고, 힘이 되어 주는 멋진 남성들도 만났습니다. 같이 울고 살아 보겠노라고 다짐한 친구들도 있었고, 극복해서 자신 있게 미래를 이어 나가는 눈부신 아이들도 있었습니다. 상처를 이겨 낸 친구들이 또 다른 청소년들을 돕고 있습니다. 이것이 성교육의 선순환입니다. 그래서 멈출 수도 포기할 수도 없습니다. 당차게 살아갈 수 있는 방법을 찾았으니 필자 혼자만 살 수는 없었습니다. 세 아이를 키우면서 남편과 개방적이고 행복한 성을 나누고 있습니다.

발칙한 성교육을 한다고 해서 가벼운 교사가 되는 것은 아닙니다. 성교육만큼 교사의 진정성을 담아야 하는 교육도 드물기 때문에 잘 다듬어진 감정이라면 솔직해져도 됩니다. 때로는 교사의 감정을 표현하고 자신의 상처를 들추어내는 것이 나약함을 드러낸다고 생각합니다. 동정과 관심을 받는 경우도 많고요. 그러나 성폭력은 다릅니다. 믿을 수 있는 사람들에게 드러내고 지지를 받아야 살 수 있습니다. 자신의 목소리에 귀 기울이는 사람은 반드시 있기 마련입니다. 가장 고귀한 성이 사람을 망칠 수 있는 무언가가 되는 것이 정말 싫습니다.

2000년대 이전에는 우리나라의 유아 기관에서 성을 제대로 교육한 적이 없었습니다. 누구도 정확하게 알려 준 적도 없었죠. 성추행이 무엇인지 알았다면 여리고 작은 아이들이 동네 친절한 아저씨가 만졌을 때 '안 돼요, 싫어요, 하지 마세요'를 외쳤을 것입니다. 또 주인집 고등학생 아들이 구강 성교를 강요하며 작은 손에 500원짜리 동전을 올려놓았을 때 그것이 유사 강간인지 알 수 있었겠지요. 지금 그 사람은 버젓이 민중의 지팡이가 되었다고 합니다. 한참 전에 일어난 일이고 공소시효가 지나서 신고도 무의미하다고 했습니다.

초등학교 때 학교에서 성교육을 제대로 받았더라면 매년 명절에 같은 방에서 자며 자신의 옷을 벗기고 성폭행을 했던 사촌 오빠를, 어스름한 골목길에서 목에 칼을 대며 끌고 가려는 아저씨에게 벗어난 뒤 신고라는 것을 할 수 있었을까요? 알았더라도 아이들이 바로 신고할 수는 없습니다. 그렇지만 자신을 지켜 줄 수 있다는 확신이 생겼다면 오래 걸리지는 않았겠죠. 지금도 신고한 사람을 확실히 지켜 주고 있을까요? 자신을 지켜 줄 수 있는 사람이 없다는 이유로 독서실 옥상으로 유인당해 성폭력 희생양이 된 여학생도 몰랐어요. 딱히 나를 소중하게 지켜야 할 이유와 기억나는 어떤 성교육도 받은 적이 없었으니까요. 죽으려고 했지만 죽지 못했고, 살기 위해서 할 수 있는 모든 것을 해야만 했죠. 이미 많은 성적 학대와 경험을 한 뒤라 성적인 부분은 들여다볼 수가 없었어요. 처절한 기억들이었죠. 안타깝지만 손목에는 아직도 선명하게 줄이 그어져 있어요.

고등학교에서는 성교육의 일환으로 어둡게 암막 커튼을 치고 임신 중절 수술 장면과 출산 장면을 담은 생생한 비디오를 봅니다. 충격과 공포, 죄책감 온갖 것들이 뒤섞였지만 일회성이라 그때뿐이었지요. 누군가가 소녀에게 고통은 자신의 선택이고 인생의 동반자라며 쓴소리를 하면 '너희가 진짜 고통을 알아?' 하고 속으로 비웃었지요. '그래, 그럼 이렇게 된 것도 내 책임이구나!' 하며 구구절절 자책하기에 이르렀죠. 인생은 선택이라는데 성적인 부분에서는 늘 잘못된 선택을 했으니까요. 그 소녀는 대학과 직장, 그리고 사회의 전반적인 분위기에 담긴 성적 불평등과 성희롱을 유심히 바라볼 수 있게 되었습니다. 이미 예민할 대로 예민해진 성적 감수성을 갖고 말이죠. 그래도 다행스럽게 자신을 치유하고 많은 사람을 격려하는 자리에 서 있게 되었습니다.

다른 사람은 버릇없게 굴지 못하지만 피해를 입은 사람들은 성에 발칙하게 덤벼들어도 되겠지요? 동의와 허락을 구하는 것이 성에 대한 예의라면 물어보고 싶네요. 안 되는 이유 말고 되는 이유에 집중해서 교육하고자 합니다. 그러니까 우리 청소년들을 이해해 주고 도와주세요. 옳고 그름을 판단만 하는 사회가 아니라 있는 그대로 인정을 받을 수 있는 사회가 되어야 합니다. 그런 열린 대한민국에서 우리 아이들이 살아갔으면 하니까요. 사회의 혼란과 피해를 일으키는 근본적인 원인을 찾을 수 있어야 합니다. 솔직할 수 있으면 진실을 마주할 수도 있으니까요.

힘의 논리에 따라 성관계를 강요받는 것은 소름 끼치는 일입니다. 성은 더 이상 권력에 이용당하거나 희생을 요구당하지 않아야 합니다. 더 이상 두고 보아야 할 일도 아니고요. 남녀 차별에 관한 문제가 아닌

데 여성의 권리를 주장하면 여혐 대상이 되기도 합니다. 이미 이름 앞에서 많은 수식어가 붙은 성교육 교사에게 굳이 또 무언가를 붙여 주겠다면 그것 또한 감사히 받겠습니다.

참교육 의미를 필자 역시 성교육으로 알게 되었으니까 괜찮습니다. 대한민국은 더 이상 개방적인 성교육을 해야 하는지 여부를 두고 시간을 지체하지 말아야 해요. 필자는 여자라서, 힘이 없어서, 성에 대한 다름을 갖고 있어서, 남자라서, 나이가 많아서, 나이가 어려서 등 모든 이유를 배제하겠습니다. 태어날 때부터 갖고 있는 생명의 존엄성만으로 인간을 존중할 수 있다면 앞으로도 기꺼이 발칙한 성교육을 하겠습니다.

성교육 트렌드를 이해하는
키워드 일곱 가지

성교육을 하다 보면 사회적인 현상과 맞물려 이해해야 하는 키워드가 몇 가지 있습니다. 전문적인 용어인 경우가 많지만 시대 변화에 따라 조금씩 달라질 수 있습니다. 성교육 트렌드를 확인할 수 있으니 참고하기 바랍니다.

• 백래시 현상

사회·정치적 변화에 대해 나타나는 반발 심리 및 행동을 이르는 말입니다. 주로 진보적인 변화에 따라 기득권층의 영향력이 약해질 때 그에 대한 반발로 나타납니다. 현재 교육 현장에서 여성의 권리를 주장하는 페미니즘이나 남성을 잠재적인 가해자로 보는 여러 현상에 남성들이 집단적인 반발 양상을 보이고 있습니다.

• 성적 자기결정권

자신의 성적 결정에 대해 존중받을 권리, 원하지 않는 성 행동을 거부할 수 있는 자율성과 성적인 쾌락과 욕구를 충족하고자 취하는 행위와 능력을 포함한 적극적인 권리입니다. 상대방의 성적 요구를 거부하는 의사 표시를 무시하는 행위 모두가 성적 자기결정권을 침해하는 것이며 성폭력에 해당합니다.

• 성 인지 감수성

국내에서 합의된 정의는 명확하게 없습니다. 성별 간 불균형에 대한 이해와 지식을 갖추어 일상생활 속에서 성차별적 요소를 감지해 내는 민감성이라고 할 수 있습니다. 성차별에 관한 문제점을 극복할 대안을 찾아내는 능력까지 포함하는 말입니다.

• 성 정체성

자신만이 느낄 수 있는 성별에 대한 자기 인식으로 남성 혹은 여성으로 느끼는 지각을 말합니다. 성 정체성은 사회적, 문화적인 환경의 영향을 받기도 합니다. 태어날 때 결정된 성과 자라면서 느끼는 성이 일치하지 않을 수도 있습니다.

• 성적 지향

감정적, 낭만적, 성적으로 끌리는 대상을 말합니다. 이성, 동성, 혹은 복수의 성 또는 젠더를 나타냅니다. 대표적인 구분은 이성애자, 양성애자, 동성애자, 무성애자, 범성애자가 있습니다.

• 그루밍

사전적 의미는 길들이기, 꾸미기 등이지만 성범죄에 쓰면 친분을 활용하여 심리적으로 지배한 뒤 성폭행을 하는 것을 말합니다. 최근 SNS을 이용하여 계획된 그루밍에 피해를 입은 미성년자와 어른 여성이 늘어나고 있습니다. 과도하게 친절하거나 대가성 물품을 제공할 때는 의심을 해야 합니다. 음란물을 보여 주거나 찍도록 요구하는 행위, 현금이나 몰래 촬영한 사진으로 협박하며 성매매를 강요하는 경우도 있으니 유의해야 합니다.

• 성 매개 감염

1차적으로 사람과 사람 사이에서 성적인 접촉으로 전파되는 질환을 말합니다. 현재 30종류 이상의 성 매개 감염병이 있다고 밝혔습니다. 가장 일반적인 감염으로 임질, 매독, 성기 클라미디아 감염증, 트리코모나스증, 후천성 면역결핍증 등이 있습니다. 성 매개 감염병은 눈에 띄는 증상이 없더라도 전염력을 가지고 있습니다. 이런 잠재적인 질병을 가진 경우에도 성 매개 감염병에 포함시킵니다. 성적인 접촉을 하지 않아도 수혈이나 정맥 주사 바늘을 공동으로 사용하는 것으로도 전파될 수 있습니다. 성교육 목표에는 성 매개 감염의 예방이 반드시 들어가야 합니다.

3부

20세기 교사가
21세기 청소년에게 배운다

교사와 청소년의 공감 프로젝트
: 성? 性?

학창 시절 썼던 일기를 비롯한 옛날 기록들을 꺼내 본 적 있나요? 필자에게도 알록달록 캐릭터와 함께 청소년기에 겪은 여러 사연이 담긴 일기장이 여러 권 있습니다. 매 학기 방학마다 억지로 기록한 숙제를 제외한 솔직한 생각이 담긴 추억의 기록들이죠. 독서실에서 공부하다 심심해서 남긴 자작시와 수업 시간에 친구들과 주고받았던 쪽지들도 그대로 보관하고 있습니다. 아마도 이렇게 학생들과 편하게 소통하며 지낼 수 있는 이유 중 하나가 그때의 필자를 잊지 않고 아이들을 마주하기 때문이라고 생각합니다.

학교 수업 시간에 교육의 질을 결정하는 요인에는 교과 운영 방식과 교육 과정, 교사의 전문성과 자질, 학생과 나누는 소통 등이 있습니다. 그동안 교육 개혁으로 변화시키고자 노력했던 대부분은 대한민국의 교육 질을 개선하기에는 역부족이었나 봅니다. 물론 선진국이라고 해서 다르지 않습니다. 많은 국가가 학교 교육의 근본을 외면한 교육 구조와 체계만 변화하려고 시도했기 때문이지요. 학교가 인간의 사회화를 위한 역할만 강조하며, 정치 흐름이 바뀔 때마다 주먹구구식으로 벌어진 틈을 혼란으로 채워 넣느라 바쁘지 않았나요?

우리는 교육의 본질을 잊지 않아야 합니다. 교육의 본질은 무엇일까요? education 어원에서 찾을 수 있듯이 아이들의 잠재력을 이끌어 내고 천부적인 소질을 개발하는 것이 본질이라고 할 수 있겠죠. 천부적인 것에 대한 인정과 살아가면서 각자 소질이 다름을 인정하는 것이 성교육과 일맥상통한다고 봅니다. 시대 흐름에도 당황하지 않고 우직하게 버텨 내야 할 고유한 정신이라고 생각하기 때문이죠. 교사 스스로 교육의 내재적 가치에 대한 끊임없는 질문을 하지 않는 순간, 방황은 시작됩니다. 교과 과정에 맞추어 학교 방침에 따라 변하는 교사가 아니어야 합니다. 성의 본질과 교육의 본질은 맥락이 같다고 할 수 있습니다. 청소년들에게 성교육을 하기 전에 충분한 공감대를 형성해야 하겠죠. 교사가 성교육 목표를 잡지 못해서 방황하면 안 됩니다.

교사가 방황을 하면 아이들도 곧 방황하기 때문이죠. 아이들 성적 흥미와 다양한 욕구는 어느새 골치 아픈 문제점이 되어 버리기 일쑤죠. 시시때때로 변하기 때문에 다시 배우고 따라가기 벅차거든요. 어느새 교육이 발생하는 문제를 급하게 해결하는 수단으로만 여기고 있어요. 더불어 교육을 하는 교사들과 아이들은 교육자와 피교육자라는 수직

적 관계로 역행하고 있고요. 공감이라는 수평선에서 점점 멀어질 따름이죠.

자꾸 소원해지는 교사와 학생들 사이를 줄일 회생 방법 중 하나가 바로 교사의 청소년기를 소환하는 것입니다. 교사에게도 분명 청소년기가 있었기 때문이죠. 우리 아이들처럼 학교에서 선생님의 수업을 들으며 자랐다는 것입니다. 각자 기억에 남는 선생님도 분명 있을 것입니다. 초등학교 때 애쓰며 버티는 필자를 '악바리'라고 부른 선생님이 있었어요. 중학교 때는 머리와 뺨을 때리며 혹독하게 혼낸 선생님도 있었죠. 고등학교 시절에는 필자가 쓴 글을 읽고 감동해서 눈물을 흘린 선생님도 있었어요. 여러분은 지금 어떤 선생님이 떠오르나요?

서울 모 고등학교에서 근무하는 한 교사가 있습니다. 그는 지방에서 고등학교를 다니며 부모님 농사일을 도와드리면서 공부만 했다고 합니다. 그래서 아이들과 어떻게 공감해야 할지 잘 모르겠다며 고민을 털어놓았습니다. 필자는 그와 함께 고등학교 때 하루 일과를 종이 한 장에 기록해 보기로 했습니다.

하루 일과

5시 30분 기상 후 씻고 소여물 주기 → 아침 먹고 버스 정류장까지 걸어가기 → 버스 타기 → 아침 자율 학습 → 쪽지 시험 → 오전 수업(1~4교시) → 점심시간 → 오후 수업(5~8교시) → 특별 활동 및 동아리 활동 → 하교 → 저녁 전 부모님 일 돕기 → 저녁 상차림 돕기 → 숙제 및 공부 → 12시 취침

그는 한숨을 쉬며 그 당시가 생생하게 기억이 난다면서 눈물을 글썽거립니다.

"지금 아이들은 저보다 더하겠죠? 한편으로는 제가 그때 열심히 노력했기에 지금 교사가 된 것이라는 생각도 들어요. 그런데 마음 편히 놀지 못한 것은 후회가 되네요. 그때부터 지금까지 제대로 즐겨 본 적이 없는데…… 우리 아이들은 지금 행복할까요?"

그 교사와 하루 일과를 적음으로써 아이들과 공감 포인트를 찾을 수 있었어요. 까맣게 잊고 있었던 청소년기를 소환하면서 과거의 자신을 만나 많은 힌트를 얻었지요. 청소년기를 떠올리면 예전과 방식은 다르지만 그때나 지금이나 통하는 필자만의 연결 고리가 있어요. 시간이 날 때마다 틈틈이 만들어 둔답니다. 오늘 잊고 있던 자신의 청소년기를 한번 들여다볼까요?

하루 5분 아이들과 공감하기 프로젝트

• 공감 포인트 1

아침 일찍 푸석한 얼굴로 등교하는 친구들에게 건네는 인사가 달라집니다.

"어젯밤에 잘 잤니? 공부하느라 피곤했지? 선생님은 어제 드라마 보느라 너무 늦게 잤는데 미안한 생각이 드네."
"어떤 드라마요?"

"아침은 먹고 왔어? 못 먹은 친구들 있어? 선생님이 사과 깎아서 가져왔는데 몇 개 안 되니까 배고파서 쓰러질 것 같은 친구들만 와서 좀 먹어."

• 공감 포인트 2

버스나 지하철 등 교통수단을 궁금해 합니다. 에티켓도 만들어 봅니다.
– 버스 카드의 모양, 버스비, 이동 시간, 공공장소 에티켓 등

• 공감 포인트 3

연예인, 드라마나 이슈에서 젠더 감수성을 일으킬 만한 주제를 넌지시 던집니다. 우리 아이들의 성 평등 의식을 가늠할 수 있습니다.

"얘들아, 어제 그 드라마에 여자 형사 옷이 말이 되니? 범인은커녕 얼어 죽겠더라."

"남자 주인공이 그렇게 펑펑 우니까 내가 다 속이 시원하더라!"

"친구들아 선생님이 중학교 때는 HOT가 있었어. 알지? 이번에 콘서트를 했는데 대박! 1분 만에 매진이 되었어. 못 가서 너무 아쉽다."

교사의 5분 투자가 아이들 눈빛을 변화시킵니다. 아이들도 교사와 눈을 마주치면서 진짜 인사를 건넵니다.

2
청소년의 성을 이해하는 교사의 자세

"요즘 청소년들이 문제야. 우리 때는 안 그랬는데, 왜 그런지 모르 겠어."

엄마도 교사도 언론도 정치인도 다 똑같은 말을 합니다. 유아 교육 에서 아이들의 어떤 행동에 '문제'라는 딱지를 붙이는 것은 결국 부모 이며, 대부분 부모의 문제라고 이야기합니다. 엄밀히 말해 청소년만의 문제는 아니죠! 아이들은 어른들을 보고 모델링을 하면서 사회화를 이 루는데, 그 주체들이 만들어 놓은 관념 세계에서 자라니까요.

○○전문가라는 이름으로 각 영역에 자신만의 의견을 고수하는 사 람들이 있습니다. 그들 의견에 소비되는 에너지와 예산 낭비에 희생양 은 결국 아이들이 되는 것을 자주 봅니다. 탁상공론인 많은 교육 정책

이 실제로 현장에서는 불필요한 경우가 많지요. 문서로 보고를 받은 사람들의 이익에 따라 결정된다는 것을 말하지 않아도 알고 있어요. 여론 조작이 비단 정치계에만 있는 것은 아니니까요. 예민하게 살펴보지 않아서 드러나지 않을 뿐이죠. 그래서 정보의 분별력을 키워 주는 것이 중요합니다.

유아 교육 기관, 초등학교, 중학교, 고등학교, 대학교까지 교육이 자연스럽게 연결된다고 생각하지 않아요. 서로 단절도 있고 영역 싸움도 존재합니다. 유치원이나 어린이집을 다니다가 초등학교 1학년이 되면 교사들은 답이 나오지 않아요. 매년 다른 1학년을 맞이하게 되거든요. 교육 과정은 정해져 있어도 아이들의 성향은 해마다 다릅니다. 초등학교 6학년이 중학교 1학년이 되어서 다시 만나면 느낌이 새롭듯이 이어지는 교육이 아니라 맥이 끊겨 버리는 교육이에요.

학교는 긴장감의 연속입니다. 아이들에게는 힘을 다해 버티는 공간이고요. 공부가 체질인 아이들이 있습니다. 눈빛만 보아도 알 수 있을 정도로요. 직장도 자신이 좋아하는 일에 열정이 생기면 퇴근하라고 해도 하지 않아요. 그런데 학교는 다니기 싫어도, 재미없어도 다녀야 하니까 버틸 수밖에 없어요. 초등학교 때부터 경쟁을 배우기 시작한 아이들은 남성과 여성의 차별까지도 아무렇지 않게 배울 수 있습니다.

"어머~ 저 엉덩이랑 허벅지 봐. 실하네." 젊은 남성들이 물건을 옮기고 있는데 허벅지와 엉덩이를 보고 아주머니들이 아무렇지 않게 이야기를 던져요. 남성도 성추행으로 신고할 수 있다는 사실을 이제는 알려 주어야 합니다. 강사가 남성인 수영장과 댄스 교실 수업은 일찍부터 매진이 된다는 것을 어떻게 생각하세요? 반대로 직장에서 여성 유니폼은 허리가 잘록하고 치마가 무릎 위로 올라가는 것이 많아요. 일을 할 때는 물론 쉬는 시간에 제대로 쉴 수도, 점심시간에 밥을 잘 먹을 수도 없어요. 여성 교복도 마찬가지예요. 사회에 만연한 성 고정 관념을 교사가 다시 꼬집어서 살펴볼 수 있게 해야 합니다. 우리가 그렇게 자랐기 때문에 똑같이 하는 것이 아니라 우리가 잘 아니까 그런 고정 관념을 끊어 내야 합니다. 가정에서부터 남성, 여성을 차별해서 교육을 하거든요. 그러니까 차별 없는 성교육을 학교에서 다시 해야 합니다.

여성: 옷 짧게 입고 다니지 마! 늦게 다니지 말고.
남성: 남자 새끼가 알아서 하는 거지!

청소년 인권 조례를 학교에서 받아들여서 교육을 해야 할지 고민이 되지요? 아이들은 예전보다 더 교육하기 힘들어졌고 통제가 불가능한데 이렇게까지 해야 되냐고요? 하지만 아이들의 권리는 교사가 먼저 나서서 보호해 주어야 해요. 성 지식을 전달하는 것에 머무르는 성교육에서 벗어나서 아이들의 인권을 보호할 수 있는 정보를 제공해야 합니다.

인권 교육을 받은 아이들이 쓴 소감문을 보면 얼마나 기특한지 몰라요. 친구들끼리도 질문에 답이 다 달라서 신기했고, 답이 다를 수 있음을 이제는 편견 없이 이해할 수 있을 것 같다고 적은 친구도 있었어요. 서로 의견이 다를 수 있음을 배우고, 자기 의견이 존중받는 것처럼 다른 사람 의견도 존중하기 시작하는 것입니다.

아이들에게 올바른 정보를 제공하지 않아서 생기는 문제는 청소년에게만 해당하지 않아요. 또 성 감수성과 성 평등 의식은 교육 한 번으로 생기지 않습니다. 그래서 피해를 입을 때 적절한 도움이나 대처를 할 수 없어 막상 그 상황에서는 소리가 나오지 않고, 강한 저항으로 생명을 잃는 안타까운 경우도 있으니까요. 어찌 되었든 살아야 하고 버텨내는 것이 중요해요. 한 아이의 희생은 가족은 물론 지역 사회, 한 나라에도 큰 고통이 됨을 잊지 말아야 합니다. 상처받기 전에도, 또 상처받은 뒤에도 교사는 아이들을 지켜 낼 수 있어야 해요.

지금 아이들이 중심이 되는 세상에서 우리는 중년과 노년을 보내야 합니다. 시간의 흐름이 거부한다고 될 일이 아니니까요. 분명한 것은 자신들 권리를 보호받지 못하는 세대는 노약자는 물론 그 누군가의 권리도 존중할 수 없다는 것이죠. 결국 청소년들의 권리를 지켜 주면서 그들이 자기 효능감을 갖고 살아갈 수 있도록 우리가 먼저 모범을 보여 주는 것부터 시작해야 해요.

3
교사가 알아야 할 이성 교제의 진실?
혹은 거짓?

"선생님, 저희 결혼해요." 같은 학교를 다니면서 중학교 때부터 교제를 하던 아이들이 필자에게 모바일 청첩장을 보냈습니다. 마음껏 축하를 건네면서 기특한 생각이 들었죠.

"너희들 진짜 멋지다. 어엿하고 성숙한 모습 보여 주어서 고맙다!"

"선생님, 저희들이 갑자기 성숙한 것은 아니에요. 그동안 배운 대로 고민도 하고 솔직히 이야기도 하고 많은 시간을 거치면서 성숙해졌어요."

10대의 성이 대부분 순간적이고 가볍고 불장난에 그친다고 생각하나요? 제대로 배워 이성 교제를 하면 그렇지만도 않아요. 연애를 하고 결혼하여 부부가 되어도 서로를 알면 알수록 새롭습니다. 결국 잘 맞지 않는다며 이혼하는 부부도 많고요. 어른이라고 해서 성관계를 비롯한 의사소통 등이 원만한 것도 아닙니다. 어렸을 때부터 어려움을 겪는 신체적, 심리적 고민은 어른이 되어도 지속하는 경우가 많아요. 그래서 자라 온 환경에 대한 중요성을 배제할 수 없어요.

페이스북이나 인스타그램 등에 교제 사실을 당당하게 밝히는 세대입니다. 헤어지면 계정을 삭제하고 관련한 친구들을 순식간에 정리해 버리죠. 연령에 따라 다른 것이 아니라 청소년이나 어른이나 이별에 대해서는 다를 바가 없어요. 이성 교제의 패턴도 시대에 따라 변하고 있습니다. 찜질방에 여자 친구와 그 엄마와 함께 가서 시간을 보내는 고등학생 친구를 보았어요. 엄마 앞에서 손도 잡고 애정 표현도 합니다. 엄마도 아주 편해 보이지는 않았지만, 그 모습을 인정하고 받아 주더군요. 지나친 애정 표현은 나이 어린 친구들이나 다른 사람들이 불편해할 수 있다는 사실도 알려 주었습니다. 외국에서나 있을 법한 일이라고요? 아닙니다. 생각보다 그렇게 하는 엄마가 많아요. 지금은 아이들이 마음만 먹으면 못할 것이 없음을 알기 때문이죠. 오히려 보이는 곳에서 부모와 자녀 사이에 신뢰 관계를 쌓으면서 책임질 수 있는 이성 교제를 하도록 안내합니다.

자녀의 이성 교제를 허락한 한 엄마가 있었어요. 처음에는 그 엄마에게 다른 엄마들이 이상한 시선을 보냈어요. 그런데 이것은 이상한 것이 아니라 익숙하지 않아서 그런 것입니다. 다른 엄마들은 나중에 이성 교제를 하는 그 아이가 공부는 제대로 하고 있는지 필자에게 따로 물었습니다. 교제하는 아이들 둘 다 반에서 상위권이고 봉사 활동을 비롯한 사회 활동도 활발하게 한다고 이야기했어요. 학교에서도 인정받고 친구들 사이에서 인기도 높다고 알려 주었지요. 둘은 졸업한 뒤 부모 허락을 받아 유학을 갔어요. 가까운 곳에서 서로의 꿈을 지원하면서 당당하게 교제하고 있지요. 부모들의 전폭적인 응원과 지지는 그들의 복일까요? 비난을 했던 주변 사람들은 특이한 케이스라며 인정하지 않습니다. 오히려 비난하거나 옳지 않다고 판단하는 어른들끼리 높은 공감을 보이지요.

요즘 애들은 이것을 '오지라퍼'라고 합니다. 남의 일에 왈가왈부할 필요가 없다고 생각합니다. 그 사람의 인생을 책임지고 지원할 것이 아니라면 상관하지 않아야 한다고 생각해요. 자신밖에 모르는 이기주의와 개인주의는 엄연히 다름을 알고 있어요. 똑똑한 아이들이에요.

다른 사람들의 눈치를 보며 살았던 아이들이 자신의 내면에 집중하기 시작했어요. 요즘 유행하는 베스트셀러 제목만 보아도 알 수 있어요. 내가 나를 당당하게 생각하지 못하면 누구도 나를 인정하지 않는다고 생각해요. 더 확실하게 말해 다른 사람들 인정은 이제 의미 없다고 믿고 있어요. 동성연애자임을 밝히고 유튜버로 활동 중인 친구들도 있어요. 커밍아웃을 한 이유부터 자신의 생각을 솔직하게 다 말해요. AIDS는 물론 성 매개 감염증 예방에 대해 자신들이 먼저 세세하게 알려 주기도 하고요. 조회 수도 상당히 높고, 청소년도 많이 알고 있어요. 다른 사람들의 기대를 만족시키느라 평생을 살아온 사람들의 성 문제가 얼마나 심적으로 고통스러운지 이해하고 있더라고요.

아이들과 이성 교제에 대해 토론을 하면 진짜 중요한 것은 그것이 아니라고 해요. 우리도 사랑할 권리, 사랑받을 권리, 진심으로 공감을 받고 싶은 마음이 있다는 것이죠. 내가 행복할 수 있다면 그런 제도적인 장치, 입장은 사실 문제가 되지 않는다고 생각하기도 해요.

그런데 막상 제대로 이야기를 하면 '이성 교제', '사랑', '성관계'는 쉽게 생각하면 안 되는 주제라는 것을 깨닫기 시작합니다. 이성 교제가 미치는 긍정적인 영향, 부정적인 영향을 살펴보기도 하거든요. 아이들 스스로 답을 찾기 시작하는 것이죠. 급하게 책임지지 못할 행동을 해서 후회하는 것보다는 이성 교제를 하지 않는 쪽을 선택하는 것도 괜찮다고 결론을 내기도 해요. "우리 그냥 사랑하게 해 주세요!"가 아니라 머릿속으로 막연히 생각하고 동경했던 것들을 밖으로 진지하게 꺼내 보는 것이죠.

다음 주제로 성 이야기를 나누어도 좋습니다.

- 이성 교제가 자신에게 미치는 영향
- 친구들 사이에서 미치는 영향
- 부모 입장에서 찬성과 반대하는 이유
- 교사 입장에서 찬성과 반대하는 이유
- 이성 교제를 하고 싶은 이유 또는 이성 교제를 하고 싶지 않은 이유
- 첫 성관계를 하게 된다면 언제, 어디서, 어떻게, 무엇을 고려해야 할까?

주의할 점은 사전에 아이들에게 이런 주제로 이야기를 해 보자는 동의를 거치는 것입니다. 성폭력 피해자에 대한 염려와 이미 성에 대한 다른 고정 관념이 있을 수 있다는 이야기도 하고요. 종교적인 입장과 가정 환경 등이 저마다 다를 수 있으므로 정답은 없다는 전제와 모든 의견을 존중한다는 분위기에서 해야 합니다.

성은 아름다운 것이라는 전제하에 발칙한 성교육은 출발합니다. 가장 먼저 나를 행복하게 해야 하는 성이어야 하고, 다른 사람에게 피해가 없는 성으로 규정한 성입니다. 그러기 위해서는 청소년들이 생각하는 자신들의 몸, 성 인지, 성적 정체성 등 성에 관련한 모든 것을 당당하게 생각하고 말할 수 있어야 합니다. 아이들에게 성은 일방통행이 아니라 상호 소통하는 것임을 알려 줄 수 있으니까요.

청소년의 '사랑'과 '일탈'을 이해하다

"야, 우리 반말하자! 아이들 중에 학기 초에 나를 만나자마자 반말
하는 친구가 있었으면 좋겠어요."

— 이승윤 선생님

아이들이 교실에서 교사와 반말을 하면서 수업을 해요. 상상할 수
있나요? 이승윤 선생님은 아이들에게 연습 삼아 하자고 말해도 쉽게
입을 열지 못하는 분위기를 이야기하면서 존댓말을 쓰는 사람과 쓰지
않는 사람의 말 온도가 다르다고 이야기합니다. 반말을 쓴다고 해서 존
경하지 않는 것은 아니라는 말입니다. 교사만큼 권위에 취하기 쉬운 직
업은 없습니다. 교사는 "차렷, 경례!" 한마디에 아이들을 통제하는 모
습을 매일 보는 사람입니다. 반말이 좋다는 것이 아니라 다르다는 것이

죠. 교사가 각자에게 맞는 성격, 취향, 교육에 대한 생각에 확신을 가지면 좋겠다고 이야기합니다. 교사의 권위에 대해 다시 생각해 볼 수 있는 가르침이었습니다.

종교를 가진 교사가 있어요. 특정 정치 성향을 가진 교사도 있고요. 연륜이 높을수록 신념보다는 고집과 아집을 내세우는 주장을 할 때가 많습니다. 회의 시간에 이야기를 나누다 고성이 오고 갈 때도 있어요. 정치판에서 벌이는 청문회 현장 같다는 생각도 합니다. 필자는 가끔 만나지만 매일 접하는 교사들은 정말 많이 힘들 것 같아요. 교사의 권리와 배울 권리를 살펴보았을 때 교사는 정치적, 종교적 견해는 밝힐 수 있어도 자신의 생각을 강요하고 주입해서는 안 됩니다. 그럼에도 대한민국에서 견해를 밝히는 것과 강요하는 것에 대한 경계가 모호해서 많은 문제가 되고 있습니다. 민주주의가 아직도 가야 할 길이라고 생각합니다. 무엇이든 가치 중립적이어야 한다는 것은 위험할 수 있거든요. 무관심은 책임을 피할 수 있는 변명이 되기도 해서요. 성교육이 힘든 이유가 여기에 있습니다. 학교 성교육은 '학습권'이라는 권리가 보장되지 않는 영역이기 때문이에요.

일탈 중에는 나이가 기준이 되는 것이 많지요. '지위 비행'이라고도 합니다. 청소년 일탈 행동에는 담배, 술, 약물 중독, 성적 행동 등이 있지요. 어른이 되면 할 수 있는 일인데, 청소년기에 하기 때문에 문제가 되는 것이죠. 학교에서 지위 비행에 해당하는 성교육을 해서 그런가요? 금연 교육을 한다고 해서 담배를 피고 싶은 것은 아니잖아요. 담배에 대해서는 무익함이 전부나 다름없지만 성은 다르거든요. 제대로 배워도 실제 경험에서 막막한 경우가 많습니다. 그래서 지식과 지혜를 함께 전달해 줄 수 있는 성교육을 학교가 해야 합니다.

동물들의 울음소리를 들어 본 적 있나요? 동물이 내는 소리는 대부분 구애의 소리, 즉 성적 유혹이고 표현입니다. 아마 성이라는 주제에 가장 방어적이고 저항하는 존재는 인간일 것입니다. 이렇듯 중요한 성이 미혼 교사에게는 아직 불편할 수도 있는 이유가 결혼이라는 테두리가 존재하기 때문입니다. 성을 성적인 행위로만 규정한다면 사적인 영역이겠지만, 성은 관계에 대한 이야기가 시작입니다. 성은 일상생활 속에서, 교과목에서 은연중에 묻어나야 해요. 어떤 배우의 삶 속에서, 정치인이 실수로 내뱉은 말 한마디에서 묻어나는 것이 성 가치관입니다. 성추행인지 여부를 판단할 때는 상대방 눈빛 하나로도 가능하죠. 아주 예민하고 기민하고 섬세한 영역이 아닐 수 없습니다. 의식적으로 접근하려고 하지만 무의식적인 영역이 더 크게 영향을 미치는 어려운 것이기도 해요. 한편 쾌락 욕구는 어떤 욕구보다 강력합니다. 모든 것을 무너뜨리기도 하고 세우기도 하니까요.

아이들은 불편을 초래하는 질문과 답을 교사나 부모에게는 하지 않으려고 합니다. 사랑과 인정의 욕구가 있기 때문이에요. 교사도 마찬가지로 아이들에게 사랑과 지지를 받고 싶어 해요. 그것도 본능의 일부니까요. 우리 모두 본능적으로 잘 알고 있음에도 차가운 이성으로 아이들에게 말하곤 하죠. "어른이 되어서 해.", "지금 하는 것은 일탈이야.", "나중에 분명 후회해!" 하며 아이들에게 들리지도 않는 이야기를 반복하고 있어요. 아이들이 하는 행동에는 다 의미가 있고 아이들이 하는 사랑에도 열정과 애틋함이 있는데 말이죠. 풋사랑의 호르몬이 있는 것은 사실이에요. 그렇지만 아름다운 기억으로 남을 수 있도록 조금만 소중히 지켜 주면 안 될까요? 아이들은 지금 사랑과 관심이 필요해서 사랑을 찾아 나선 것일 수도 있으니까요. 훈계가 필요한 것이 아니라 인정과 사랑에 목말라서 그럴 수도 있을 테니까요.

5

교사의 성 인식 팩트 체크,
현실을 인정하다

"여보 우리 딸이 그 남자아이랑 사귀는 것 알고 있었지? 심지어 가
방에 콘돔까지 넣고 다니던데?"

한국 영화 〈완벽한 타인〉에서는 엄마가 딸의 이성 친구를 못마땅
해 하며 남편과 이런 대화를 나눕니다. 영화의 결말 부분에서 그 콘돔
은 아빠가 딸이 이성 교제를 하는 사실을 알고 선물한 것임을 알게 되
죠. 딸에게 콘돔을 선물한 아빠, 어떻게 생각하나요?

필자는 옆에 있던 남편에게 엄지를 세우며 아빠의 개방적인 성교육
을 칭찬했지만, 남편은 다르게 이야기를 했습니다.

"여자 친구가 콘돔을 보여 주면 물어보겠지? 어디서 났느냐고. 그
때 아빠가 선물했다고 하면 남자 친구는 정신이 번쩍 날 거야. 아빠는

내 딸 건들면 가만두지 않겠다는 뜻으로 준 거니까!"

"아! 그렇게 심오한 메시지가 담겨 있구나! 남자 친구 입장에서 자신의 행동에 책임을 질 수 있는지 다시 생각해 볼 수 있겠네."

아빠가 딸을 성교육하면 엄마와는 다르게 잘할 수도 있겠다 싶었어요. 엄마가 아들 성교육을 할 때 여자 심리와 상황에 대해 잘 전할 수 있듯이 딸에게도 아빠 성교육이 필요하다고 생각했습니다. 남자는 남자가 더 잘 아니까요. 그런데 현실적으로 가능하려면 많은 시간이 필요하겠죠?

인터넷에서 고민을 상담해 주는 글 때문에 아이들이 '자위'와 '섹스'라는 단어를 배울까 봐 걱정이 된다는 글을 보았습니다. 우리 엄마들에게 학습된 고민이 아닐까 싶을 정도로 믿기 힘들었어요. 인정하기 싫지만 팩트를 체크해야 하는 상황이 많습니다. 어린 자녀를 둔 부모라면 가능한 일이니까요. 그래서 지금 진짜 걱정이 무엇인지 알면서도 모르는 척하는 이야기를 조금 꺼내 볼게요. 다소 불편할 수도 있지만 사실이기도 한 교사와 학교의 성 이야기입니다.

- 성폭력의 장소가 학교일 수 있다.
- 남성 교사는 여학생과, 여성 교사는 남학생과 사랑에 빠진다.
- 교사를 성추행하는 아이들이 있다.
- 예쁘고 멋진 교사가 하는 수업은 학생들의 참여도 높고 성적도 좋다.
- 청소년들의 성 역할 고정 관념과 편견이 어른들보다 더 견고할 수

있다.

- 공부도 잘하고, 운동도 잘하고, 외모도 괜찮은 아이들의 성적 행동에는 관대하다.
- 아이들의 성적 행동과 성 궁금증에 대한 설문 조사의 신뢰도는 보장할 수 없다.
- 성에 대해 지능적으로 숨기거나 거짓말하는 아이들이 있다.
- 모든 사람의 성 경험[성에너지]은 감출 수가 있다. 자신만 알 뿐이다.
- 성폭력 생존자가 같은 공간에 있을 경우 부담스러워 한다.
- 성과 관련한 다른 사람들이 이야기하는 것은 호기심이 생기지만, 내 이야기는 하기 싫다.
- 성적인 매력을 발산하고자 하는 욕구는 누구에게나 있다.

필자가 이것을 다른 교사들에게 물어보면 대부분 고개를 끄덕이면서 수긍을 합니다. 스쿨 미투를 포함한 현재의 움직임이 지나가는 감기처럼 생각되지 않아요. 이제 다시는 예전처럼 알면서도 모르는 척 지나갈 수 없게 되었으니까요. 아이들이 세상으로 나아가는 내일은 오늘보다 분명 투명할 테니까요. 청소년들이 주역이 되는 세상은 분명 더 평등할 수 있습니다. 실제 현장에서 일어나는 일들이기 때문이죠. 사실인데 모르는 척하는 성 이야기가 많을수록 성과 관련한 문제가 생길 수밖에 없어요. 처음 들어 보는 문항이 있다면 아이들에 대한 무관심일 수도 있어요. 알고 있는데 모르는 척하는 것은 책임 회피일 수 있습니다.

현재 상황에 대해, 아이들에 대해 알려고 하면 얼마든지 알 수 있는 것이 학교에서 일어나는 일이니까요. SNS 계정 하나로 또는 검색으로 충분히 둘러볼 수 있는 우리 아이들의 일입니다. 교사의 성 인식 팩트 체크로 현실을 인정해 보세요!

6
청소년의 성 고민
검색 키워드를 공개합니다

청소년들이 궁금해 하는 성 고민은 주로 누가 해결해 줄까요? 검증된 방법은 성교육 시간에 사전에 질문지를 작성하거나 성교육 전문 기관에 문의하는 것입니다. 하지만 대부분은 직접 인터넷에서 검색하는 경우가 많아요. 포털 사이트에서 검색하면 성인 인증을 요구하기도 하는데요. 미성년자가 성인 인증을 할 수 있는 방법에 대한 명확한 제재가 없어요. 대부분 휴대 전화 명의가 부모이기도 하고, 조부모 휴대 전화를 잠깐 사용하기도 하고, 이미 인증이 된 친구들과 찾아볼 수도 있기 때문이지요. 정보를 통제하는 것은 불가능한 시대입니다. 우리나라 유명한 포털 사이트 몇 곳에서 조회되는 키워드를 보면 대략적인 관심을 살펴볼 수 있어요. 월간 조회 수는 그 달 이슈에 따라 달라지기도 합니다.

다음은 우리나라 사람들이 키워드별로 검색해 본 결과입니다. 성교육 시간에 청소년들이 자주 질문하는 키워드와 조회량을 공개합니다. 연예계 성 상납과 불법 동영상 공유 사건 때문에 관련 키워드 조회량이 평소보다 높게 나왔습니다. '화이트데이'라는 주요 이벤트 날에도 검색량이 영향을 받습니다.

※ 출처 키워드 매니저 어플 2019년 3월 14일 20시 조회량

아이들의 질문 키워드

- 여성의 몸과 남성의 몸에 대한 궁금증(발달이 어느 정도 진행되었나?)
- 자신의 신체 발달 중에서 외적으로 드러나는 발달 상황에 대한 부담감이 있다.
  - 여성인 경우에는 가슴, 엉덩이 발달 등
  - 남성인 경우에는 키, 수염, 음경 크기 등
- 이성에게 인기 있는 방법, 이성 교제 시기 및 방법
- 처음 겪는 것에 대한 두려움(음모의 발달, 생리, 몽정 등)
- 자위에 대해
- 성관계, 성적 욕구와 조절
- 임신과 임신 중절 수술
- 페미니즘, 성차별, 역차별 같은 성 관련 이념이나 사회적인 이슈

성교육을 할 때 이 키워드를 중점적으로 해서 질의와 응답을 하면 좋습니다. 부모 성교육에도 활용할 수 있고요. 어른들을 대상으로 하는 프로그램에서도 집중도가 높고 현실적인 답변이 오고 갈 수 있어 교육 효과도 높일 수 있습니다.

아이들은 현실에만 머물러 있습니다. 아이들의 뇌가 현실 중심이니까요. 뇌는 현실에 집중한 상태로 기능합니다. 오늘만 살고자 하는 열정적인 아이들에게 미래에 일어날 일들에 대한 조언도 중요해요. 하지만 당장 고민에 대한 답도 어느 정도 해소시켜서 답을 찾느라 헤매지

않도록 안내해 주세요. 비효율적인 교육은 낭비고, 낭비는 불필요합니다. 우리는 아이들에게 인생은 낭비하면 손해라고 가르치잖아요. 지금에 집중하라고 제6차 청소년 정책 기본 계획에도 명시되어 있습니다. 현재를 즐기는 청소년, 미래를 기대하는 청소년, 청소년을 존중하는 사회가 되고자 하는 비전이기도 하고요.

7

이제 진짜 성교육을 시작한다

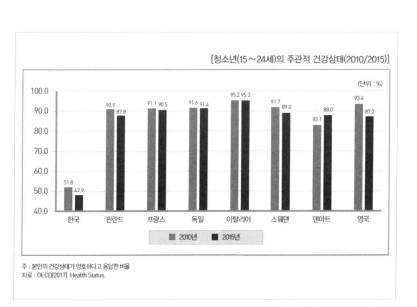

[청소년(15~24세)의 주관적 건강상태(2010/2015)]

(단위 : %)

주 : 본인의 건강상태가 양호하다고 응답한 비율
자료 : OECD(2017). Health Status.

※ 출처: OECD(2017) Health Status

전 세계 청소년들이 느끼는 주관적인 건강 상태는 어느 정도일까요? 그래프를 보니 전반적으로 이전보다 양호하다고 느끼는 비율이 낮아졌네요. 그런데 대한민국 청소년들이 생각하는 자신의 건강 상태를 보면 다른 나라에 비해 현저히 낮음을 알 수 있어요.

주관적인 건강 상태는 개인이 느끼는 신체적, 정신적 상태까지 포함합니다. 객관적인 건강 상태가 높음에도 건강 불안감이 더 높다는 것이죠. 체력을 단련하는 시간도 부족하고, 입시 스트레스 등 불안한 이유가 있습니다. 이런 요소가 청소년들의 건강까지 영향을 미치고 있어요. 자신을 얼마나 알고 있으며, 무엇을 어떻게 느끼는지 살펴볼 시간이 없으니까요. 아이들이 스스로 체크하기에는 자기 인식도 부족하고요. 그래서 교사가 많이 도와주어야 할 부분이라고 생각해요. 앞서 말한 성이 다양한 자신의 본성을 포함하는 것이라는 전제하에 건강한 자아 정체성과 연결되니까요.

내 불안 지수는 어떤 영향을 미칠까요? 내가 불안함을 보이면 내 주위에 있는 사람도 불안함을 느낍니다. 부모의 불안함이 자녀의 양육 방식에 영향을 미치듯이, 교사의 불안 지수도 가르치는 학생들에게 영향을 미치게 되죠. 더불어 교사가 갖고 있는 잘못된 고정 관념도 아이들에게 전해질 수 있어요.

"친구들끼리 놀다 다툴 수도 있고, 실수로 때릴 수도 있죠. 원래 싸우면서 크잖아요? 둘이 얼마나 친하다고요."

맞는 말이지만, 교사가 한 용인 한 번이 아이들에게는 "해도 되는

구나!"의 첫 단추가 될 수도 있어요. 그래서 아이들이 미처 생각하지 못한 성의 허용 범위까지 안내를 해야겠지요. 다음은 수업 시간 외에도 수시로 교육해야 할 내용입니다.

- 가깝고 친한 사이라도 말과 행동에는 허용 범위가 있다는 것
- 내가 생각하는 즐거움과 내 기준의 정당한 행동이 범죄일 수도 있다는 것

  (예: 사진과 동영상을 찍는 것, 유포하는 것, 함께 보는 것 등 상대방의 자의적인 동의를 구하지 않은 행동은 어떤 것이든 불가)

- 현재 자신의 모습이 전부는 아니며, 영원하지 않을 수도 있다는 것
  - 나는 피해자일 수도 있으며 가해자일 수도 있다.
  - 성폭력은 내 연인이, 가족이 경험할 수 있는 일이다.
  - 지금 맺고 있는 대인 관계는 시간이 지나면 변할 수 있다.
  - 오늘 내가 한 행동이 미래의 어떤 결과를 가져올 수 있다.
- 실제 사례로 성적 자기결정권, 성 인지 감수성 등을 발달시켜 줄 것

  (나와 타인의 경계를 존중하고 존중받는 법)

지금 당장은 청소년들이 듣기 싫어하는 말일 수 있습니다. 성교육은 개인적인 감정을 다룰 수 있어야 하므로 세심하게 배려해 주세요. 실제로 집단 따돌림을 겪은 친구가 자신을 따돌렸던 친구의 상사가 된 적도 있고요. 군대에서 선임으로 만나는 경우도 있어요. 피해자와 가해

자의 입장이 바뀌는 순간이 왔습니다. 한 치 앞을 볼 수 없는 것이 인생임을 뒤늦게 깨닫게 되어요. 아이들이 수업 시간에 집중해서 듣지 않는 것처럼 보여도 다 듣고, 생각하고 있더라고요. 안전 교육과 학교 폭력 예방 교육을 할 때마다 청소년들의 진정성을 느끼는 부분이에요. 소중한 생명과 관련한 주제에는 아이들도 진지하게 들을 줄 알아요.

※ 출처 한국평생교육상담협회 안전 교육 장면

교사가 진정으로 아이들을 도와주려면 아이들끼리 통하는 생각이나 언어에도 관심을 기울여야 합니다. 아이들에게 교사의 뜻을 일방적으로 전달하는 것이 아니라 아이들이 교사의 생각도 궁금해 하고 질문할 수 있도록 말이죠. 좋은 관계에서는 상대방이 좋아하는 것을 알고 싶어 하고, 상대방 이야기도 잘 들어 주잖아요. 교사가 제자의 존경을 받으면 너무 감사한 일이지만 존경까지는 아니더라도 최소한 도움은 되는 사람이어야 하지 않을까요? 아이들도 우리에게 수없이 많은 도움과 보람을 주고 있으니까요.

이제는 말할 수 있다
: "아이들의 성, 감당하기 힘들어요"

어떤 교육 현장을 가든 필자에게 꼭 물어보는 질문이 있습니다. 교사들도 잘 알고 있는 내용인데요. 성별에 따라 다르게 접근해야 하는 교육적인 부분이 있다는 것입니다. 성교육 역시 마찬가지고요. 이렇게 하는 이유는 남녀 학생들의 청력이 다르고, 뇌의 발달 구조와 사용하는 사고 체계가 다르기 때문입니다. 이것을 성차별로 생각하는 학부모가 있어요. 그래서 사전에 학부모에게도 꼭 알려 줄 필요가 있습니다. 성별 분리 교육을 할 때 아이들에게 알려야 하는 것과 같은 이유입니다.

필자가 엄마가 되기 전에는 이론적으로 되지 않을까 생각했던 객관적인 교육적 상황이 있었죠. 그런데 아이를 키워 보니 전혀 다른 관점이 생기더군요. 필자의 주관적인 감정을 교육에 개입하기 시작했기 때문이에요. 그래서 교사는 이 부분도 같이 신경 쓰면 좋을 것 같아요. 혹시 학부모와 소통하는 것이 어렵다면 학부모가 아이에게 궁금해 할 만한 내용을 역으로 질문하고 답하는 방식으로 소통의 끈을 연결하면 좋아요.

"어머니, 요즘 ○○이와 대화는 잘 하시나요?" 또는 "○○이가 사춘기라 힘드시죠?"

성교육을 가정에서 할 때는 어려운 점이 많습니다. 형제, 자매가 있을 경우에는 더욱더 말이죠. 아빠는 딸을 모르고 엄마는 아들을 계속 모르기만 합니다. 같은 성끼리도 잘 알아주면 좋은데 잘못 알고 있는 경우도 있고, 관심이 없는 경우도 많다는 것이 더 심각합니다.

아이들이 유튜브로 무엇을 보고 있는지, 어떤 변화를 겪고 있는지도 모르지요. 그래서 교사가 최소한의 정보와 배려를 하는 것이 필요해요. 성교육은 교육 매체와 성교육 전문 기관을 찾아가서 교육받지 않는 한 공개적으로 실시할 수 없다고 생각할 수도 있어요. 개인적으로 바라는 부분은 텔레비전에서 초등학생의 성을 다루는 프로그램을 방송했으면 하는 것입니다. 전 국민이 다 보고 알 수 있도록 말이죠.

궁극적으로 어른의 성까지도 제대로 다루는 방송이나 교육 콘텐츠가 널리 보급되었으면 좋겠어요. 아주 기초적인 것에서부터 성적 취향까지 고려한 교육 자료면 더 좋고요. 성교육에 대한 콘텐츠가 다양하게 나오는 시대가 얼마 남지 않았죠. 다른 나라와 똑같을 수는 없지만 어느 정도 개방되는 사회 말이죠.

학기 초에 보내는 교육 과정 안내서를 자세히 보는 학부모는 별로 없습니다. 막상 보았더라도 직장과 집안일에 신경 쓰다 보면 금세 잊어버립니다. 그래서 귀찮아도 몇 번씩 이야기하는 것입니다. 반면에 학부모도 교사들이 다음 날 수업 준비와 문서 기록 등 업무량이 많아 힘들다는 것을 잘 모릅니다. 예전처럼 학교에 오래 있지도 않고 교권도 약해졌다고 생각해서일까요? 학부모들의 학교에 대한 신뢰가 많이 무너진 상황이라 여러 가지 어려움이 많을 것입니다. 그래서 공통 관심사인 아이들의 고민을 갖고 이야기를 이어 나가는 것이 좋습니다. 일방적으로 아이들에 대한 문제점을 개선해 달라고 요청하는 것이 아니라 알아주고 공감해 주고 함께 해결책을 찾아가는 공동의 노력을 해야 한다는 말이에요. 정말 사소한 것이지만 작은 관심이 학부모 마음을 움직이는 계기가 됩니다.

학기 초 신입생 부모라면 청소년들의 지금 신체 상태, 언어, 가지고 있는 여러 가지 관념 체계에 대한 안내를 직접 해 주면 어떨까요? 학부모들도 매일 관심을 가지고 교육 정보를 찾아보기는 어려워요. 학교 소식 어플 등 링크를 보내도 됩니다. 문자 연락으로 어렴풋이 알게 됩니다. 청소년들에게는 자신의 발달 상태를 짐작할 수 있도록 교육하면 좋습니다. 청소년들은 생각보다 자기 자신에게는 관심이 없습니다. 외부로 에너지를 발산하는 시기라 또래나 친구, 연예인에게 관심이 더 많습니다. 필자의 학창 시절 친구의 모습을 내 아이에게서 보기도 합니다. 얄미운 친구의 모습을 이웃집 아이에게서 보기도 합니다. 그래서 자꾸 아이들의 미래가 보이는 것 같아서 걱정이 됩니다. 필자처럼 고생하면서 자라면 안 되는데, 이렇게 실수하면 안 되는데 하는 염려에 내 새끼, 내 것이라는 욕심을 부려 자꾸만 함부로 하게 됩니다.

다음은 학부모가 감당하기 힘들어 하는 아이들의 성 일부입니다.

- 아이가 자위를 해요. 어떡해야 하나요?
- 여자 친구와 100일이랍니다. 축하를 해야 할지 말려야 할지 모르겠어요.
- 컴퓨터에서 야동을 발견했어요. 어떻게 할까요?
- 부부 관계를 들켰어요. 어떻게 대처해야 하죠?
- 아이가 동성에게 관심이 있는 것 같아요. 저는 어쩌죠?

혹시 눈치챘는지 모르겠지만 대부분의 질문들은 답을 요구하는 내용이에요. 자녀의 성과 관련한 궁금증이라기보다는 대처법을 물어보는 것입니다. 상황에 대한 부모 생각과 아이가 처한 상황은 자세하게 이야기하지 않고 있어요. 누군가 답을 한다고 해도 실제로 대처할 수 있는 학부모는 많지 않고요. 성에 관련한 용어가 궁금하거나 대처법을 알고 싶다면 성교육 전문 기관의 웹 사이트 주소를 알려 주는 것이 제일 좋아요. 답변이 될 수 있는 충분한 자료들이 마련되어 있으니까요. 직접 답변을 할 때는 검증된 내용을 바탕으로 하면 좋겠지요. 이때도 무엇보다 성에 관련한 부모들의 생각과 아이들을 대하는 태도가 가장 중요합니다.

성폭력 생존자의 이야기를 들어 주세요

"얘들아, 성이 뭘까?" 하고 물으면 맨 처음 나오는 대답은 '성폭력'입니다. 예전보다 세상이 험해져서 심해졌다고 생각하나요? 강도와 빈도만 변화했을 뿐 양상은 크게 달라지지 않았습니다. 매일 뉴스에서 보도하는 그 일은 이미 오래전부터 있었던 외침이었어요. 그런데 성폭력 생존자들의 상황은 오히려 나빠졌다고 해야 할까요? 보호하는 것 같지만 더욱 이슈화하고 있으며, 무엇보다 관련된 피해자들과 가까운 사람들이 함께 보호받지 못하는 경우가 많습니다.

우선 아이들이 성에 대해 솔직히 이야기할 때는 결과에 집착하지 말아야 합니다. 사실 우리는 모든 것을 통제하거나 모든 상황의 진실 여부를 확인할 수 없기 때문입니다. 아이들과 대화하는 순간에는 얼마나 진정성 있게 이야기를 듣는지가 중요합니다. 어떤 결과로 유도하는 대화이기보다는 교사와 부모가 어떤 마음에서 걱정하는지 알 수 있게 해야 합니다. 적절한 예시도 중요합니다. 아이들에게 지켜 줄 사람들이 있다는 것, 너희들의 미래를 기대하고 있는 사람이 많다는 것을 알려 주는 것이 좋습니다. 현재에만 몰입하는 친구들이 자신의 행동 결과를 예측할 수 있도록 도와주세요. '너희들이 내린 지금의 결정이 내일의 너희를 만든다는 것을' 아이들은 분명하게 기억할 것이에요.

성교육을 하면서 아이들의 쓰디쓴 경험에서 여러 가지 교훈을 얻는 경우가 많았습니다. 필자 역시 더 크게 배우고 있으며, 아픔으로 깨달게 된 가르침은 그냥 버릴 수 없었습니다. 얼마 전 한 친구에게 편지를 받았습니다.

"선생님 기억하세요? 저 ○○예요. 이번에 쓰신 육아서 보고 선생님인 것 알았어요. 진짜 너무 신기하고 반가웠어요. (중략)

제가 오래전에 겪었던 성폭행 이야기를 했을 때 선생님께서 저와 함께 안고 펑펑 우시면서 "괜찮아. 넌 아무 잘못 없어. 잘 견뎌 내서 고마워. 살아 줘서 고마워."라고 하실 때 '무슨 어른이 이렇게 울지?'라고 생각했어요. 그런데 저를 진심으로 생각해 주는 느낌을 받고 나니까 저도 정말 속 시원하게 운 것 같아요. 한편으로 '선생님도 이렇게 아프신 적이 있었나?'라는 생각이 들었어요. 그런데 선생님 책을 보면서 사실이란 것도 알게 되었고요.

선생님, 저 몇 년 전에 결혼해서 예쁜 여자아이를 낳았어요. 혹시나

아이를 못 가질까 봐 걱정했는데 감사하게 너무 잘 크고 있어요. 남편은 모르지만 전 이제 정말 자유로워요. 선생님의 글처럼 아이를 통해 저를 다독이면서 함께 자라고 있거든요. 선생님께서 그때 제 이야기를 들어 주시고 제가 스스로를 인정할 수 있을 때까지 비밀로 지켜 주신 덕분이에요. 정말 감사합니다. (중략) 앞으로 저도 행복한 엄마로 선생님을 늘 응원할 거예요."

편지에 적혀 있는 발송인을 보면서부터 눈물이 왈칵 쏟아졌습니다. 글을 쓰는 동안에도 눈시울이 붉어집니다. 제일 먼저 어떤 생각이 들었을까요? '살아 있었구나, 살아 냈구나'

잘 있다는 소식을 들을 수 있어 너무나 감사한 순간이었습니다. 삶을 포기하지 않은 것이 진심으로 감사했습니다. 누군가의 삶에 영향을 주었다는 생각은 필자에게는 욕심입니다. 성폭력 피해자를 성폭력 생존자라고 부르는 이유가 있습니다. 필자가 이렇게 나선 이유, 성폭력 생존자들이 세상에 나올 수 있는 이유는 성폭력 피해자를 한 명이라도 살려 내기 위해서입니다. 이렇게 당당하게 살아가는 자체가 그들 삶의 위로가 되고 살아야 할 이유가 된다는 것을 알기 때문입니다. 무엇보다 혼자가 아니라는 것을 느끼게 하고 싶기 때문입니다. 필자 역시 살아 냈기 때문에 줄 수 있는 행복이라고 생각합니다. 아이러니하게 성폭력 생존자가 성교육 전문가가 되는 경우가 많습니다. 필자도 처음에는 두려웠습니다. 그렇게 다 겪어 냈으면서 한편으로 의심도 들었습니다.

갑자기 '내가 앞에 나선다고 과연 단 한 명이라도 살릴 수 있을까? 어떤 삶이 살아가면서 한 생명에게 영향을 미칠 수 있을까?'라는 생각이 들었습니다. 사명감이라고 해도 좋고 잘난 척이라고 해도 괜찮고, 사연팔이 한다고 하면 또 어떻습니까? 그래서 한 생명을 살릴 수 있다면 너무 감사하고, 한 생명이 외롭지 않을 수 있다면 아무래도 좋습니다. 그들이 살아 내는 하루하루가 필자에게는 힘차게 걸어 나가는 발걸음의 이유이자 삶의 목적입니다. 필자의 사명은 '나와 다른 사람들을 밝고 빛나고 풍성하고 새롭게' 하는 것입니다.

성적 학대를 오래 겪어서 자신의 몸을 더 이상 가치 없게 느낀 친구가 성에 대해 문란하다고 그것을 나쁘다고 말할 수는 없습니다. 대부분 가정 폭력의 피해자인 경우가 많고요. 자신을 어떻게 돌보아야 하는지 모르는 친구들이에요. 이런 친구들을 품어 주는 첫 번째 교사가 되어 주세요. 상처받고 아파서 무엇이 자신을 위한 길인지조차 잘 모르는 친구들을 다독여 주고 위로해 주세요. 교사의 관심과 배려로 이런 친구들이 행복한 가정을 이루어 한 생명을 품에 안았을 때, 그 친구는 어떤 생각을 하며 아이를 바라볼까요? 교사에 대한 신뢰, 교육에 대한 믿음, 사회에 대한 기대를 품을 것입니다.

성교육 결과가 당장 일어나지 않는다고 해서 조급해서는 안 됩니다. 성교육은 시험을 보고 결과를 바로 볼 수 없기 때문에 이것을 계속해야 하나 하고 조바심이 날 수 있습니다. 그러나 지금 아이들이 갖고 있는 잘못된 성 개념은 평생 영향을 미칩니다. 행동 하나하나에 영향을 미칠 수 있는 것이 성 개념이니까요.

성을 부정하는 것이 나라는 존재 자체를 부정하는 것은 아니지만, 존재 이유를 외면하는 것인지도 몰라요. 우리에게 생명이 있다는 것을 망각하는 순간 성이 어려워질 수밖에 없습니다. 태어날 때부터 우리는 본능적으로 '살을 맞대는 것은 좋은 거야'라고 압니다. 스킨십이 포근하고 안정감을 주어서 세상에 대한 신뢰감을 형성하는 토대가 된다는 것은 신생아만 유심히 살펴보아도 알 수 있습니다. 엄마 품속에 포근하게 안겨 있을 때 아기뿐 아니라 엄마까지도 행복해집니다. 성과 사랑을 떼어 낼 수 없는 이유입니다. 그래서 사랑이 없는 성은 불편하다는 것을 본능적으로 알고 있으니 그것을 깨우치는 교육이어야 합니다.

생의 초기 경험에서 주 양육자에게 신뢰감, 안정감, 자아 존중감 등 삶에서 가장 중요한 감정들을 느끼고 배우지 못한 친구들이 있습니다. 조금 부족하게, 때로는 잘못 배울 수도 있지요. 그렇기 때문에 교육으로 최대한 근접하게 자신과 타인에 대한 사랑을 경험할 수 있도록 교육해야 하는 것이 성교육입니다. 학교 밖에 있다면 학교 밖 교육으로 진행해야 하죠. 잘 몰라서 또는 알아도 잘못된 선택을 해서 이미 범죄를 저질렀다면 교화 교육을 진행해야 합니다. 자원 낭비가 아니라, 그들이 다시 사회로 나왔을 때 잘못을 반복하지 않아야 더 큰 자원의 낭비를 줄일 수 있으니 포기하면 안 됩니다. 성교육 피해자를 두 번 죽이는 일은 하지 말아야 합니다.

성폭력에 대한 사회 인식이 좋아지는 경우도 있고 악화되는 경우도 있습니다. 인터넷의 발달로 양극화가 더욱 심화된 것이죠. 극단적이라는 말은 청소년들을 표현하는 용어이기도 하고요. 그래서 아이들의 고정 관념이 더 무섭습니다. 그나마 미투와 함께 위드유 운동이 받쳐 주고 있어서 다행입니다. 진실로 한 사람이 살아나면 나도 사는 것이 맞아요. 한 사람이 죽으면 결국 내가 죽는 것이나 다름없음도 알아야 해요. 큰 사건들을 경험하고 나면 더욱 크게 느끼죠.

요즘에는 교사가 더 중요하게 생각하고 아이들의 변화에도 민감하게 대응하고 있습니다. 아이들에게 의미 있는 한 사람이 되어 주었으면 좋겠습니다. 모든 아이에게 힘이 되어 주기 어렵다면 1년에 한 명도 괜찮습니다. 그 아이가 오프라일 수도 있고 최현정일 수도 있지 않을까요? 오늘 제자들이 보낸 편지들을 꺼내 읽어 보고 아이들의 미소로 마음을 충전하길 소망해 봅니다.

4부

대한민국 최고의
성교육 선생님은 교사입니다

교사 성교육의 시작: 고.정.관.념

오른쪽 그림은 1971년 덴마크에서 출간한 성교육 책에 수록되어 있습니다. 아동기 자녀가 부모에게 아이는 어떻게 생기는지 질문할 때, 아이와 부모가 함께 이 그림을 보면서 교육한다고 합니다. 인터넷에서 화제가 된 책이기도 하죠. 실제로 덴마크에서 살다 온 부모는 이 책이 충격적이었다고 말합니다. 도저히 납득하기 어려웠다고 말이죠. 그런데 독일은 여러 학교에서 체위 자세는 물론이고, 출산 영상도 참고하면서 정확하게 교육하고 있습니다. '아는 것이 힘이고, 알아야 서로를 진심으로 배려할 수 있다'는 생각이 지배적이거든요. 스웨덴에서는 1897년부터 성교육을 시작했는데, 만 4세부터 연령별 맞춤 교육은 물론 전 아동에게 의무 교육을 하고 있습니다. 성교육을 일찍 받은 스웨덴 친구들은 순수하지 않을까요? 〈어서와 한국은 처음이지?〉라는 텔레비전

프로그램에 출연한 스웨덴 친구들의 순수한 모습에 많은 사람이 매력을 느꼈는걸요. 순진한 것과 순수한 것은 다른 뜻이고 순진한 것만 좋다고 할 수는 없어요. 성 감수성이 떨어진다는 의미니까요. 대한민국에서도 시간이 지나면 학교에서 이렇게 교육할 수 있을까요?

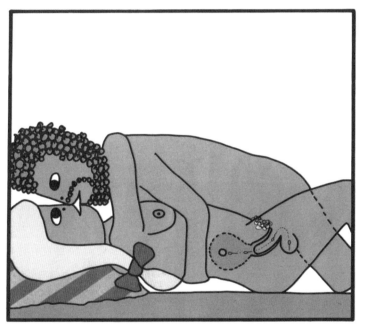

Moren og faren holder meget af hinanden. kommer sæd-cellerne ud gennem pikken.
De vil gerne have et barn. Sæd-cellerne svømmer ind i morens kusse
I farens pung bor der mange små sæd-celler til en hule, moren har i maven. Hulen hedder
Når faren og moren boller, liv-moren. Der er nogen gange et lille æg i den.

※ 출처: How a Baby is Made, 페르 홀름 크누센, 1971년

지금은 불가능하지만 몇 년 안에 가능하다고 생각해요. 이미 많은 자료가 인터넷과 유튜브에 넘쳐 나니까요. 교육 제도를 만든 사람들과 부모들이 현실을 직시하고 빠른 결정을 내리길 바라고 있습니다. 우리가 가르친 제자들이 학부모가 될 때쯤에는 가능할까요? 이제 우리 안에 남아 있는 성 고정 관념을 점검해 볼까요?

❶ 남자아이와 여자아이 사이에 다툼이 일어났을 때는 남자아이가 양보하는 편이 낫다.

❷ 여자아이에게 장난감 총이나 자동차를 선물하는 것은 좋지 않다.

❸ 남자아이가 머리를 기르거나 화장을 하는 것은 좋지 않다.

❹ 여자아이는 상냥하고 친절해야 사회생활을 하는 데 유리하다.

❺ 남자아이에게는 체계화된 작업을, 여자아이에게는 섬세한 작업을 맡기는 것이 더 효율적이다.

❻ 여자아이는 교사나 간호사, 남자아이는 군인이나 경찰, 의사 등이 더 적합한 직업이다.

※ 출처: 한국양성평등교육진흥원

한국양성평등교육진흥원 웹 사이트에 방문하면 초등학생들의 성 차별적 언행 지도법에 대한 참고 자료가 있습니다. 초등학생 성 평등 연구원과 함께 만든 자료이지요. 이외에도 우리의 성 고정 관념을 살펴보고 변화시킬 수 있는 자료가 많이 있습니다. 진정한 성 평등은 다름을 강요하는 것이 아니라 인정하는 것임을 깨닫게 됩니다.

인간은 행복을 추구하는 이기주의자가 아닌가요? 내 기분의 만족을 위해 표현하고 본질적으로 자유스러움을 추구할 수 있어야 해요. 그런데 내 고정 관념이 자신이 누릴 수 있는 세상을 더 넓고 다양하게 경험하고 알아가는 것을 가로막을 수 있어요. 그것이 성과 관련한 것이라도 고정 관념은 말 그대로 고정된 생각일 뿐이니까요. 다른 새로운 기회를 놓치고 있다는 의미도 되니까요. 항상 우리의 성 고정 관념을 살펴보아야 합니다. 내가 가르치는 아이들이 내 성 고정 관념으로 상처 입지 않도록, 자신은 물론 타인에 대해 알아갈 수 있는 소중한 기회를 박탈당하지 않도록 말이죠.

교사는 안내하고, 아이들은 선택한다

"선생님, 이렇게 하면 성추행 아니에요?"

수업 시간에 잠을 자는 친구들이 있어 가볍게 어깨를 톡톡 치고 등을 쓰다듬어 깨웠는데, 불쾌하다고 신고한 친구가 있었습니다. 교사 입장에서는 억울하지만, 달리 방도가 없죠.

그래서 자꾸 아이들에게 손을 놓게 되고 희망을 버리게 됩니다. 교사들의 마음을 충분히 헤아릴 수 있지요. 그러나 아이들도 볼멘소리를 합니다. 스킨십에 익숙하지 않은 친구였고, 등과 목 뒤에 손을 대니 소름이 끼쳤다고 했습니다. 혹시 남성 교사가 여성 학생을 쓰다듬었다고 생각했나요? 아닙니다. 반대였어요. 남자아이가 여성의 스킨십을 극도로 싫어하고 예민하게 반응을 한 것입니다. 이 아이는 엄마가 아이만

두고 가출을 해서 엄마의 따뜻한 품을 모르고 자랐습니다. 그래서 여성에 대한 혐오감이 컸습니다. 교사가 품어 주어야 할 아이였지요. 처음에 교사는 크게 상처를 받았지만 곧 이해했습니다. 그동안 한 번도 경험하지 못한 상황이었기 때문에 당황했던 것이죠. 오히려 이렇게 배울 수 있어 다행이라고 했습니다. 필자 또한 그 교사가 마음의 문을 닫지 않아서 감사했습니다.

내가 당연하다고 여기는 상황이 누군가에는 당연하지 않을 수 있어요. 그래서 아이들에게 수업하기 전에 질문을 먼저 합니다.

"수업 시간에 자는 친구들이 있으면 어떻게 하는 것이 좋을까? 너희들 의견을 말해 줘. 선생님은 수업 시간에 누워 있는 친구를 그냥 두는 것이 교육자로서 해야 할 일은 아니라고 생각해. 너희들은 어떻게 생각해?"

"그냥 두셨으면 좋겠어요."

"어쩔 수 없이 피곤해서 잠들 수도 있으니 깨워 주세요."

"잠깐 뒤에 서 있다가 들어오게 해 주세요!"

여러 가지 다양한 의견이 오고 갑니다.

"그렇다면 깨울 때 어깨를 치거나 등을 쓰다듬어서 깨우는 것은 어때?"

필자 역시 자연스럽게 교육 현장에서 일어나는 실제 사례를 전했습니다. 아이들은 진지하게 자신들의 이야기를 하면서 기분 나쁜 경우가 많았다고 말합니다. 생각해 본 적이 없다고 말하는 친구들도 있고요.

이렇게 이야기를 주고받는 사이 조는 친구들은 한 명도 없었어요. 자신들의 의견을 존중해 주는 상황에서 아이들은 잘 수가 없었던 것이죠.

"정말 졸려서 선생님께 사전에 이야기하면 들어 주실 거예요? 5분만 엎드려 있다가 깨워 주시면 일어나서 들을게요."라는 이야기도 했습니다. 그렇게 아이들 앞에서 어쩔 수 없이 피곤하다고 밝히면 습관적으로 엎드려 자지 않거든요. 교사도 모를 리 없으니 서로의 마음속 이야기를 하면서 수업을 만들어 갔어요. 자연스럽게 인성을 교육하고 학교 폭력 이야기도 오갔습니다. 사전에 구조화 작업이 잘 되면 집중도가 많이 높아집니다. 교사는 필요한 모든 정보를 안내하고 아이들은 다양한 모든 상황을 이야기합니다. 브레인스토밍을 한 것처럼 많은 이야기가 쏟아져 나옵니다. 그리고 마지막에는 아이들이 선택을 합니다. 반 친구들 모두 각자 의견을 적었고 필자 역시 정리하면서 담임 선생님이 볼 수 있도록 교실 뒤 벽면에 붙였습니다. 교실 안에서 또는 경험에서 자신의 의견을 정리할 수 있는 질문을 할 수 있어야 합니다. 성과 관련하여 일어난 사실을 말 그대로 나열만 한 뒤 아이들이 이 의견에 동의하는지를 먼저 물어야 하겠죠. 왜 그렇게 생각하는지, 앞으로 어떻게 하고 싶은지에 대한 분명한 질문을요.

청소년들의 교복을 포함한 패션 스타일이 유행에 따라 바뀌고 있습니다. 심리적인 변화를 바탕으로 산업이 활성화되고 마케팅도 하고 있기 때문이죠. 아이들은 현재 유행하는 스타일이 최신이고 계속 지속할 것이라고 생각합니다. 경험이 제한적이고 시야가 좁기 때문이죠. 하지만 유행하는 것 중에서도 자신이 좋아하는 것들은 속속들이 알고 있어요. 무엇을 위해 공부하는지, 자신이 무엇을 하고 있는지, 왜 사는지 모르겠다고 하면서 말이죠. 그렇기 때문에 성교육도 주입식 교육이 아니라 모든 가능성을 열어 주고 확장되도록 자신을 찾는 과정이 될 수 있어야 해요. 교사는 안내하고 아이들은 후회 없는 선택을 할 수 있어야 합니다.

교사의 솔직한 감정을 표현하라

여성이 화장실에서 소변을 보는 행위를 몰래 찍은 동영상에 흥분을 하는 이유가 무엇일까요? 여성의 자위 도구가 바나나, 오이 같은 남성의 성기 삽입에 중점을 두는 것으로 생각하는 이유는요? 남성이 성을 주도하고 데이트 비용을 전부 부담해야 한다는 생각은요?

이 질문을 받은 사람만 불쾌함을 느끼는 것은 아닙니다. 이 질문을 생각만 해도 불편할 수 있는 상황입니다. 성과 관련한 감정은 여성과 남성에 따라 다를 수 있는 것이 아니라, 먼저 자신에게 긍정적인 감정인지를 확인할 수 있어야 합니다. 성은 감정을 동반하는 지극히 인간적인 영역이니까요. 성교육이 개방적이라고 해서 모든 것을 수용해야 하고 어디서든 무턱대고 표현할 수 있어야 하는 것은 아닙니다. 개인적으로 느끼는 성은 사람마다 다를 수 있기 때문에 어떻게 다르게 느끼는지 알아차릴 수 있어야 합니다. 표현의 자유가 있다고 해서 인신공격 등 폭력을 정당화하는 것은 아니니까요. 성에 관한 감정은 상대적으로 다를 수 있다는 것도 성교육에서 전달할 수 있어야 합니다. 아직 개방적인 성에 취약한 사람이 많고 피해자로 아파하는 사람도 많으니까요.

성교육 전문가들도 자극적인 성문화를 접하면 놀라거나 화를 냅니다. 그렇기 때문에 잘못된 가치관이 확산되는 것을 막기 위해 성교육에 열을 올리는 것이죠. 성교육을 할 때 동성애를 조장하거나 생명의 소중함을 경시하지 않습니다. 그런데 어떤 점 때문에 그렇게 느끼는 것일까요? 서로의 솔직한 감정을 표현하고 인정하려고 하지 않기 때문이라고 생각합니다. 말 그대로 느낀다는 말은 사람의 감각으로 인한 것입니다. 또 어떤 고정 관념의 영향을 받아서 느끼는 에너지가 감정이기도 합니다. 각자가 느끼는 감정은 경시하고 이론과 교육의 흐름에만 열중하고 있다는 것을 깨달았어요.

성교육을 하면서 아이들의 온갖 은어와 비속어에 적응하고 이제는 이해도 하지만, 한편으로는 당황스럽습니다. 이해하려고 노력하는 것이 전문가의 태도라고 생각하지만 감정적으로 힘들 때도 있어요. 머릿속으로는 알지만 몸이 아직 받아들이지 못하는 상황이 그렇죠. 청소년기에 직접 겪었음에도 반문하고 있는 필자를 발견한 적도 많아요. 성폭력 가해자와 상담을 할 때도 마찬가지예요. 아이를 키우는 입장이다 보니 자연스럽게 감정 이입이 됩니다. 다만 그 상황에서 만나는 감정, 내 역할에 따라 반응하는 감정들을 스스로 외면하지 않고 익숙해질 때까지 만나야 합니다. 아이들의 솔직하고 직설적인 표현을 감당하려면 먼저 내 솔직한 감정을 만나고 다독여야 합니다. 말을 직설적으로 하는 사람이 솔직한 사람이 아니라 자신의 감정을 마주할 수 있는 사람이 솔직한 사람이라고 생각해요.

성에 관련한 부정적인 은어를 학부모에게 알려 주는 이유가 있습니다. 은어에는 사회적 반응에 따른 아이들의 생각이 담겨 있기 때문입니다. 보통 아이들은 속뜻은 모른 채 친구가 하니까 무작정 따라 하는 경우가 많으므로 교육 시간에 살펴보는 시간을 가집니다. 아무것도 모르는 친구들을 자극해서 알려 준다고 걱정하는 사람도 있지만, 우리도 욕의 뜻은 알지만 공식적인 자리에서는 사용하지 않잖아요? 오히려 모르고 잘못 쓰거나 습관이 되어 고치기 힘든 경우가 더 많아요. 우리도 청소년기를 겪을 때 우리만의 언어로 친구들과 소통하면서 부모들이 몰랐으면 하는 문화가 있었거든요. 그러니 일시적임을 기억해 주면 좋겠어요. 아는 것과 실제로 사용하는 것의 간극이 존재하거든요. 아이들도 상황에 맞게 용어를 선택할 수 있어요. 수업 시간에 자신도 모르게 욕이 튀어나와 당황하며 입을 막는 친구들이 있다면 실수를 너그럽게 용서하세요. 이미 답은 알고 있으니까요. 성에 관련해서 이슈화된 아이들의 솔직한 감정을 알고 싶을 것입니다. 이때는 비밀을 보장할 수 있도록 이름을 기입하지 않고 작성하면 좋습니다. 자칫 아이들 간에 감정싸움이 될 수 있거든요. 토론으로 이끌 때도 잘못된 성 지식은 없는지 아이들이 정보를 검색하면서 사실 여부를 확인할 수 있게 하면 좋아요.

청소년들의 문화가 어떤 흐름인지 관심을 갖지 않는 사람도 있습니다. 유아를 가르치는 교사가 캐리 언니를 모르는 것과 다름없습니다. 청소년들의 유행이나 관심 분야에 모르는 것이 많다면 조금은 노력해야 할 것 같아요. 혹시 아이들에게 관심도 없고, 싫다고 하는 교사가 있다면 마음을 바꿀 수 있도록 노력하면 좋겠습니다. 필자가 유아 교육 현장에 있을 때, 아이들을 싫어하는데도 다른 목적에서 교육을 전공하는 교사가 많았어요. 건강한 교육관을 갖고 사람을 좋아하는 마음으로 가르치는 자리에 서 있는 교사가 더 많다는 것을 압니다. 필자 역시 성교육을 하는 교사에게 당부하고 싶은 솔직한 감정을 표현한 것이고요. 현재 책을 읽는 여러분 또한 자신의 성장과 아이들을 위해 늘 고민하는 교사일 수도 있을 테고요.

청소년들과 한층 더 가까워지려고 미술심리상담사 자격까지 갖추고 수업을 듣는 상담 교사들도 있습니다. 색채로 감정을 표현하도록 도와주는 미술심리 상담 기법은 청소년들에게 아주 유익한 교수법입니다. 수업 시간에 교사 앞에 서서 청소년들과 솔직한 감정을 표현하며 마음의 끈을 연결해 놓으면, 아이들은 그 믿음에 보답한다고 이야기했었죠. 필자가 겪은 청소년기의 아픔들을 듣고 함께 슬퍼하고, 꿈을 이루며 살아가는 모습에 박수를 치기도 했습니다. 수업을 마치고 한 교사는 필자 앞에서 펑펑 울며 이야기했습니다. 그 교사에게 지금 한 아이가 마음속 이야기를 하며 기대고 있다면서요. 아이를 응원해 주고 싶었지만, 솔직히 자신이 없었답니다. 하지만 강의를 들으면서 필자 모습과 아이 미래의 모습이 겹치며 함께할 자신이 생겼다고 했습니다. 교사가 아이를 바라보고 이야기를 나눌 때 그 아이 또한 솔직하게 감정을 표현하겠죠. 얼마나 행복할까요? 필자 역시 감동을 받고 힘도 얻었습니다.

※ 출처 한국방송통신대학교 미술심리상담사 과정

　아이들도 진정성 있는 교사 이야기를 흘려듣지 않아요. 그것은 모든 커뮤니케이션의 검증된 법칙이기도 하니까요. 교사가 솔직하게 감정을 인정할 수 있으면, 아이들의 들쑥날쑥한 감정들도 살펴볼 수 있는 감각이 생깁니다. 사춘기라서 자신도 잘 모르는 감정 변화를 눈여겨보면 아이들을 한층 더 이해할 수 있습니다.

진짜 성교육은
아이들과 소통에서 출발한다

아침마다 조회 문구를 준비하는 교사가 있었습니다. 아침마다 문구를 준비하는 것이 스트레스라고 했습니다. 그러면 그만두는 것이 어떻겠냐고 말했습니다. 그런데 그 교사는 글을 잘 씁니다. 포스트잇이나 칠판에 말 대신 글로 인사를 하기로 합니다. 아이들도 처음에는 어색해했는데, 이제는 할 말이 있으면 쪽지도 활용하고 직접 묻기도 한다고 합니다. 교사와 아이들의 소통 방법이 정해진 것은 아니니 교사가 편한 방법을 사용하면 좋죠. 아이들도 교사와 함께 다양한 소통 채널들을 공유하기도 하고요. 가족과 사이가 좋지 않은 아이들도 있습니다. 가족 이야기를 하면 예민해지거나 불편한 기색이 역력할 때는 최소한의 정보만 얻고 기다려 주면 좋겠어요. 그 대신 친구가 관심 있는 주제로 대화를 이끌어 나가야겠지요. 교사만 자꾸 이야기하지 말고 반대로 친구들이 이야기하게 해 주세요. 가끔 꼭 필요한 상황만 물어보면 됩니다. 신뢰를 바탕으로 관계가 형성되면 툭 던지는 관심의 말 한마디도 찰떡 같이 알아듣는 친구들이 되니까요.

나에게 의미 있는 사람이 던진 말 한마디가 하루 종일 신경이 쓰일 때가 있었을 것입니다. 말을 하는 사람은 그다지 신경을 쓰지 않는데, 내 입장에서는 하루 종일 머릿속을 맴돌곤 하죠. 교사가 무심코 던진 상처의 말 한마디가 아이들에게는 평생의 상처가 되는 이유일 수도 있어요. 내 말버릇이 어떤지 한번쯤 점검해 보는 것도 좋아요. 부모가 자녀를 양육할 때 쓰는 대화의 패턴을 살펴보고 피드백만 해도 눈에 띄는 변화를 보일 수 있어요. 교사들은 다수의 아이들 앞에서 하는 의사소통의 기술과 개개인에게 보내는 의사소통 기술이 다릅니다. 아이들의 개성과 특성이 다른 것처럼 성과 관련한 생각이 다를 수 있다는 것을 기억해 주세요. 여학생들은 특히 외모에 관심이 많습니다. 학교에서 복장과 관련해서 제재를 가하지는 않죠. 외모에 대한 평가가 아니라 아이들의 행동이나 노력에 관한 이야기를 하면 좋습니다.

"이 색깔은 너와 참 잘 어울리네!"

"좋은 화장품을 쓰는 것이 좋겠다. 비싸기는 하지만 립밤 같은 것은 천연으로 만들기 쉽더라!"

"운동을 꾸준히 한다더니 혈색이 좋아 보이네!"

"선생님은 ○○이가 도와주면 금방 끝낼 것 같아!"

청소년들을 위한 스토리텔러가 되는 것입니다. 얼마나 많은 소통의 창구와 기회가 있습니까? 수업 시간에 내용이 재미있거나, 선생님이 좋거나, 친하면 졸려도 참습니다. 이 셋을 다 하면 너무 좋겠지만, 상황이 여의치 않을 때는 하나라도 선택해서 하면 좋겠습니다.

교사가 운영하는 블로그나 페이스북 등도 많이 있을 것입니다. 가능하다면 오픈하여 청소년에 대한 애정을 담아 보세요. 늘 관심을 갖고, 누구보다 함께 즐거움과 슬픔을 나눌 수 있는 사이가 될 수 있어요. 아이들이 무엇이든 이야기할 수 있는 교사가 되어 주세요. 권위로 가르치는 시대는 지났으니 아이들의 친구가 되어 주세요. 〈죽은 시인의 사회〉라는 영화에 나오는 "카르페디엠"을 외치는 선생님을 바라며 교사를 꿈꾼 사람들도 있습니다. 실제로 안정적인 직업이라서 교사가 되었다고 해도 괜찮습니다. 그렇다고 교사의 영향력이 사라지는 것은 아니니까요. 앞으로 아이들에게 생명과 존재는 그 자체만으로 중요하다는 것만 꼭 알려 주면 되지 않을까요? 교사가 소중하게 여기는 한 명의 인생이 가정을 살리고 나라를 살리고 세계를 살릴지 누가 알겠습니까? 지나친 이상주의자라고요? 세상에서 교사만큼 이상주의자가 어디 있겠습니까?

"그럴 수도 있어. 괜찮아." 말 한마디를 건네는 것은 실수를 하면서 배워 가는 아이들에 대한 존중입니다. 상대방의 생각을 이해하려고 노력하는 자세가 대화의 기본입니다. 성교육을 시작하려고 할 때 '허락되지 않는 성'에 집중하는 교육을 하지는 않았을까요? "이제 네 이야기를 해 봐. 하지 말라는 것은 어떻게 해 봤어? 왜 했어? 다시는 그러지

마! 안 돼!"로 마무리하고 있지는 않았습니까?

"되는 것도 있고 하면 안 되는 것도 있어. 어떻게 너만의 방법으로 만들어 갈 수 있을까? 무엇이 가장 좋은 방법일까? 너희는 어떤 방법이 좋아? 음, 그것도 좋은 방법이겠구나! 그럴 수도 있겠다. 넌 다르구나! 그렇지만 멋지다." 성교육을 아이들과 하는 소통의 창구로 활용하면 됩니다. 지금부터 데이트 폭력이 무엇인지 정확하게 이야기해 주면서 상대방을 배려하는 것이 무엇인지를 안내해 주어야 합니다. 물론 데이트 의미부터 시작해야겠죠.

진짜 성교육은 아이들과 진정한 소통으로 출발해야 합니다. 아이들은 소통의 중요성을 인지함으로써 성적 의사소통도 어렵지 않게 나눌 수 있어요. 다양한 관계를 바탕으로 의사소통을 하면서 성에 관련한 관습적이고 편견적인 시각도 구분할 수 있고요. 자기 개방에 자유롭고 진실성을 바탕으로 하는 성적 의사소통은 친밀감과 만족감을 경험하게 해 줍니다. 관계 형성의 중요한 기틀인 언어적, 비언어적 의사소통을 통해서 중요한 성 개념들을 형성해 나갈 테니까요.

5

성교육에 날개를 달아 주는 교사의 한마디

스승의 날을 맞아 선생님께 어떤 말이 가장 듣고 싶은지를 조사했습니다. 1위가 응원해 주는 말이었습니다. 구체적으로 다음 말들이 있었어요.

- 너 진짜 노력했구나! 잘했어.
- 넌 잘할 수 있으니까 자신감을 가져!
- 선생님은 너희들을 믿는다.
- 수고했어. 선생님이 다 뿌듯하다.
- 아침은 먹었어? 잠은 잘 잤고?

교사의 말 한마디로 운명을 바꾼 위인이 많습니다. 교사의 진심 어린 말 한마디로 희망을 품는 아이들입니다. 우리는 매번 듣지만 매번 잊곤 하는 그 이야기를 하지 않을 수가 없어요. 필자 역시 선생님이 하신 말씀 하나하나가 가슴속에 쌓여 지금의 필자를 만들어 가고 있으니까요. 요즘 학부모들은 교사를 못 믿겠다고 합니다. 하지만 필자는 교사를 믿어야 아이들도 잘된다고 이야기하고 싶습니다.

교사는 어디에서 제자를 향한 믿음을 갖게 될까요? 역시 아이들입니다. 아이들이 교사를 믿어 주고 따라 주면 힘이 납니다. 학부모에게 신뢰를 받는 것은 다음 단계입니다. 학부모가 요청했다고 해서 아이들 요구를 무시하는 것이 아니라 반대로 아이들이 요구하는 것을 들어 주려고 학부모를 설득할 수 있는 힘이 진정한 교사의 권위라고 생각합니다.

고등학교 때 일이었습니다. 조금 매서운 이야기일지 모르지만 실제로 웅변 연습을 소홀히 했다는 이유로 뺨도 맞고 인격 모욕도 당했습니다. 지금도 복도를 지나가면 교사의 큰소리가 밖으로 새어 나오는 학교가 많습니다. 아이들이 워낙 말을 듣지 않아서 그렇다고 하죠. 가정에서도 마찬가지입니다. 얼마나 말을 듣지 않으면 벌을 주겠느냐고 말이죠. 이것은 맞는 말이기도 하고 틀린 말이기도 해요. 누구의 기준으로 아이들이 말을 잘 듣는지를 판단할 수 있을까요? 아이들의 기준은 아닐 테지요. 교사의 감정 그릇이 크면 클수록 아이들에게는 관대해질 수 있어요. '연륜'이라는 말은 여러 해 동안 쌓은 경험으로 이루어진 숙련의 정도를 말하는데, 교사들도 연륜이 깊어질 수 있거든요. 우리를 바라보고 교사의 눈과 입을 통해서 세상을 조금이나마 배워 가는 아이들을 위해서도 아이들에게 믿음을 잃지 않았으면 합니다.

성교육을 하는 교사의 마음가짐에 대해 의미 있게 전하고 싶었습니다. 지식을 확장하는 것은 교사의 재능이므로 필자는 마음을 지키는 일을 도와주겠습니다. 교사들과 청소년들을 향한 소망을 담아 한 글자씩 적어 내려갑니다. 더 많은 전문적인 자료를 찾아보며 함께 연구하도록 해요. 성교육의 날개를 달아 주는 결정적인 한마디는 교사의 몫입니다. 얼굴을 맞대고 진심을 담아 이야기할 수 있는 날이 오면 필자 역시 하고 싶은 말이 있어요.

"선생님, 함께 교육하려는 모든 발걸음이 귀하고 소중합니다. 정말 고맙습니다!"

함께 나누고 싶은 아름다운 이야기가 하나 있습니다.

새로운 학교에서 5학년 담임을 맡은 한 교사는 반 아이들에게 거짓말을 했습니다. 아이들에게 모두 똑같이 사랑하겠노라 말했습니다. 그러나 철수가 앞에 앉아 있는 한 불가능해 보였습니다. 철수는 더러웠고 아이들과도 잘 어울리지 못했습니다. 선생님은 철수가 불쾌했습니다. 철수의 시험지에 크게 X 표시를 할 때는 즐겁기까지 했습니다. 선생님이 있던 학교에서는 지난 학년의 생활기록부를 볼 수 있었습니다. 철수의 생활기록부에는 깜짝 놀랄 만한 내용이 적혀 있었습니다. 이전 담임 선생님들은 철수가 밝고 친절하며 훌륭하다고 적었기 때문입니다. 철수네는 어머니가 불치병을 앓게 되면서 가정 형편이 어려워졌습니다. 철수를 함부로 생각한 선생님은 후회하며 잘못을 뉘우쳤습니다. 선생님은 철수를 진심으로 가르치고 아껴 주었습니다. 철수는 선생님의 관심과 사랑에 힘입어 성적도 향상되고 높은 성적으로 졸업도 했습니다. 졸업 뒤에도 두 사람은 꾸준히 편지를 주고받으며 연락의 끈을 놓지 않았습니다. 몇 년 뒤에 선생님을 찾아온 철수는 의사가 되어 있었습니다. 그리고 또 몇 년 뒤에는 교수가 되어 찾아왔습니다. 어느덧 자신의 분야에서 최고 권위자가 된 철수는 선생님을 또 찾아와서는 진심을 담아 감사의 뜻을 전했습니다.

"선생님, 절 믿어 주셔서 감사합니다. 제가 중요한 사람이라고 생각할 수 있게 해 주셔서, 그리고 제가 훌륭한 일을 해낼 수 있다는 것을 알게 해 주셔서 정말 감사합니다."

선생님은 눈물을 흘리며 속삭였습니다.

"철수야, 너는 완전히 잘못 알고 있구나. 내가 훌륭한 일을 해낼 수 있다는 것을 알려 준 사람은 다름 아닌 바로 너란다. 널 만나기 전까지 나는 가르치는 법을 전혀 몰랐거든."

6

교사의 성교육에 한계가 있다? 없다?

　우리는 앞서 성교육의 종착지인 인권까지 이야기했습니다. 교사도 나름의 상처가 있고 아픔이 있어서 헤어 나오지 못하는 무언가가 있습니다. 그런 상황에서 빠져나오라고 억지로 강요할 수는 없습니다. 자존의 문제는 자신만이 할 수 있는 선택이니까요. 제일 다루기 조심스러운 감정이 성폭력 피해자에 관한 것입니다. 교사 중에도 많은 피해자가 있습니다. 그래서 학생들의 성교육에 더욱 민감할 수 있습니다. 학교가 반드시 모든 교육에 책임을 져야 하는 것은 아닙니다. 그런 상황으로 매몰차게 자신을 밀어 넣을 필요는 없습니다. 전문성이 결여되었다는 의미는 아니니까요.

　교사도 많은 감정을 느낄 수 있습니다. 그럴 때 한두 번 모른 척 외면하다 보면 나중에 더 큰 감정의 문제를 겪게 됩니다. 한계를 명확하게 인지하고 자신에게 준비할 시간을 주어야 합니다. 다른 교사에게 권한을 위임할 수도 있고, 도움을 요청해도 괜찮습니다. 그렇게 하지 못할 이유가 없습니다. 누구도 교육자로서 희생을 정당화할 수는 없습니다. 그것 또한 차별이니까요. 교사도 치유 시간과 인내 시간을 포함한 감정 단계를 거칠 시간이 필요합니다.

반대로 외부 전문 강사의 한계도 인정해야 합니다. 서로의 한계 속에서 간격을 줄이면서 같은 호흡을 해야 서로에게 도움이 될 테니까요. 외부 강사 입장에서도 부담스럽기 때문에 그냥 맡기는 것을 선호합니다. 서로의 가르치는 권리를 존중할 수 있고, 침해받지 않기 위한 방어일 수 있습니다. 그렇기 때문에 사전에 충분한 정보를 공유하면 좋겠지요. 우리에게 주어진 성교육 시간이 너무 짧기 때문입니다.

고등학교 때 교생 선생님이 아직도 기억이 납니다. 수업에 많이 참여하신 것도 아닌데 열정을 다하는 모습과 진솔한 마음이 아직까지도 생생합니다. 또 학교 수련회에서 만난 청소년 지도자 선생님도 여전히 기억납니다. 필자뿐만 아니라 친구들의 기억 속에도 남아 있는 멋진 분이었죠. 교사 위에 또 다른 교사란 없습니다. 우리는 아이들 앞에서 평등한 세상을 보여 줄 수 있어야 합니다. 성 평등과 인권 의식이 교사 안에 단단히 뿌리 박혀야 합니다. 모든 가르치는 사람이 그렇게 아이들에게 눈빛으로, 말로, 행동으로 직접 보여 주어야 되겠지요. 아직 준비가 미흡하면 최대한 명확하고 완벽한 방법으로 전달하고 더 나은 전문가에게 인계해야 합니다.

책임 전가도 회피도 아닌 함께 책임져야 한다는 인식이 필요합니다. "우리 학교는 안 돼. 우리나라는 안 돼!"에서 이제는 벗어나야 합니다. 앞으로 100년 뒤에 가능한 일이더라도 포기하지 않아야 하는 것이 교육의 본질이니까요. 한 사람의 인생에 새로운 것을 채우고 익히도록 하는 것이 얼마나 어려운 일인지 잘 압니다. 새로운 관념을 받아들이는 일은 언제나 과중하고 책임감을 동반한 행위니까요. 교육과 종교가 달리 무섭습니까? 권력이라는 힘과 맞물렸을 때 위험한 일이 생겼던 역사도 있었지요.

교사의 성 한계가 있다는 것을 인정해야 합니다. 다른 사람에게도 한계가 있다는 것을 받아들일 수 있어야 해요. 한 사람이 갖고 있는 가치 체계는 다른 사람과는 다르니까요. 나와 똑같은 생각을 해야 한다는 생각이 폭력의 시작일 수 있어요. 상대성 이론에서는 개인의 사고 체계에 대한 인식이 다르기 때문이라고 합니다. 성교육을 할 때도 사고 체계로 벌어지는 일이 많음을 아는 것이 중요합니다. 나의 기준으로 바라보고 있는 세상에서는 인정할 수 없는 일들이 다른 사람의 관점으로는 너무 쉬운 일일 수도 있습니다. 특히 성에서는 지극히 개인적인 관점이 존재합니다. 나만이 알 수 있는 세밀한 느낌이 있으니까요.

"당신이 한계를 받아들인다면 당신은 그 한계를 넘게 될 것이다."

우리 교실의 제2 학급 교훈

교실에서 성교육 교사들과 아이들이 남녀의 사회적인 성에 대해 토론하는 시간을 가졌습니다. 교실에서 경험할 수 있는 성차별은 무엇일까를 고민하다 남학생들은 생리대를 해 보기로 했습니다. 남학생들은 여학생들의 불편함을 느끼고, 특히 성기가 밖으로 나와 있어 더 불편한 듯 보였어요. 생리가 하루면 끝나는 줄 알았다는 남학생들도 있었습니다. 여학생들에게는 신체상으로 불편한 것을 토로했어요. 또 남학생들은 9cm 하이힐을 신고 뛰어 보기도 했어요. 치마도 입어 보고요. 역할 바꾸기를 해서 연극도 했습니다. 아침에 발기가 되는 불편한 상황도 이야기했어요. 데이트에 대한 생각도 허심탄회하게 나누어 보았습니다.

데이트 이야기를 해 보자고 했더니 "먼저 손을 잡아야 한다."라고 남학생 한 명이 불쑥 말했어요. 여학생들은 종이에 "먼저 어디를 갈

까?"라고 적었는데 말이죠. 이렇듯 데이트에 대한 생각도 다르다는 것을 발견하고 당황해 했습니다. 아이들의 상상력과 연기력이 합쳐지니 실감나는 이성 교제 현장을 재현할 수 있었어요. 또래 관계에서 이성 교제의 핵심은 친구들에게 관심을 받을 수 있느냐에 달려 있기도 해요. 친구들의 끈질긴 요구에 못 이겨 신체 접촉을 감행하는 친구들도 있어요. '초등학교 이성 교제' 동영상도 찾아서 볼 수 있어요. 아이들을 생생하게 이해하려면 포털 사이트가 아닌 유튜브에서 직접 검색해 보세요.

단체 채팅방에 관한 이야기도 빼놓을 수 없죠. 오픈 채팅방 같은 경우에는 연령에 제한 없이 야한 동영상과 성매매 홍보 내용을 보내고 채팅방을 나가는 사람도 많이 있어요. 어른들도 속수무책으로 강제 노출되는 정보에 아이들이 어떻게 방어를 하겠어요. 결국 정보에 대한 민감성을 키우고, 최대한 유해 사이트를 차단하는 수밖에 없습니다. 가장 중요한 것은 아이들 스스로 정보를 분별하고 개인의 성장을 위한 선택을 하도록 교육해야 한다는 것이죠. 물론 품격 있는 대화와 행동으로 어른들이 먼저 아이들에게 신뢰를 쌓아야 해요.

우리의 성에 대한 사회 환경이 100년 전, 50년 전, 3년 전, 1년 전과 비교해 보면 확실히 달라진 것을 알 수 있지요. 그럼에도 다른 사람에게 피해를 입히면 안 된다는 절대적인 원칙은 존재합니다. 오히려 절대적인 원칙은 더욱 강화되고 세분화되어 많은 사람을 보호할 수 있게 되었어요. 영상 제작물의 업로드, 다운로드, 유포, 시청 등 모두를 처벌할 수 있는 세상이 되었으니까요. '모르는 것은 범죄자가 될 확률이 높다'는 이야기를 듣고 나서 많은 부모가 성교육 필요성을 인식하기 시작했으니까요. "잘 아는 것은 살아가는 힘이다!"라고 이야기하고 싶어요.

성에 대한 학급 분위기는 교사의 태도에 영향을 받지요. 부모 성향과 양육 태도가 자녀에게 영향을 미치는 것과 비슷해요. 성교육에 대한 교사의 생각과 아이들의 생각을 자주 맞추어 나가야 합니다. 획일적이고 통일적인 생각을 만들어 가자는 취지가 아닙니다. 우리 아이들의 성의식이 어느 정도 발달했는지, 교사로서 나는 그것에 부합되고 있는지를 살펴보라는 의미입니다. 학급에서 허용하거나 제한하는 어떤 행동은 교사의 가치를 반영했을 확률이 높아요. 그래서 학급 분위기를 만드는 것은 교사의 역할이기도 해요. 가훈이 있는 가정과 없는 가정의 문화가 다르듯이 급훈의 역할은 아직도 중요합니다.

- 주먹은 링 위에서만 존재한다.
- 이멤버, 리멤버
- 그대는 생각보다 멋지다.
- 너, 내 동료가 되어라(만화 원피스에서 주인공이 동료로 인정할 때 하는 말).
- 여럿이 있으면 이로움이 있다.
- 나가 있어. 나의 마음속에 있는 천한 것!
- 만족은 결과가 아니라 과정에서 오는 것이다.
- 그 얼굴에 공부까지 못하면 안습

앞으로 역사 속으로 사라질 만한 교훈이 있습니다. 단 몇 달 사이에 예전 교육 환경이라면 불가능한 급훈도 생겼고요. 우리 반에서 성 평등의 가치를 실현할 수 있도록 아이들과 함께 의논해서 멋진 급훈을 만들어 보세요. 교사가 오래전부터 품어 온 교육적 목표와 부합할 수 있고, 아이들에게도 이로울 수 있는 우리 반의 원칙과 신념을 세울 수 있습니다.

성교육 한계, 다름을 인정하자

"사람들은 당신에게 반대하는 것이 아니다. 그들은 그들 자신에게 찬성하는 것이다."

"산을 오르는 것은 세상이 당신을 보게 하기 위해서가 아니라 당신이 세상을 보게 하기 위해서다."

"당신은 성공보다 실패로부터 더 많이 배운다. 실패가 당신을 멈추게 하지 마라. 실패가 캐릭터를 형성한다."

답이 없다고 느낄 때는 관점을 바꾸는 연습을 해야 합니다. 그러면 질문을 받는 사람에서 질문을 하는 사람이 될 수 있습니다. 스스로 질문을 하여 내 안에서 답을 찾을 때도 많습니다. 과정을 중시하는 시대입니다. 여전히 결과는 중요하지만, 그래도 또 하나의 다른 관점이 존중받았다는 것이 기쁩니다. 우리는 답을 내놔야 하는 시대를 살았고 답이 아니면 인정을 받지 못했습니다. 그것은 실패한 것이라고도 말했습니다. 이제는 다릅니다. 과정보다 결과를 중요시했던 제자들의 취업난을 보고 한숨이 절로 나옵니다. 모두에게 상을 주는 시대를 살았던 아이들이 현실이라는 벽에 부딪쳐 방황하는 것을 안타깝게 보고 있습니다.

혹시 교사를 공격하는 아이들이 있나요? 청소년들의 공격은 도와달라는 마음의 외침으로 들어야 합니다. 어릴수록 매섭게 더 드러나지요. 어떻게 표현하는지 경험한 적도 배운 적도 없으니 세련되게 도움을 요청할 수 있도록 도와주세요.

우리가 생각하는 성과 다르다고 모욕하고 돌 던지고 죽음으로 몰아야 직성이 풀리던 시대가 지나갔을까요? 아직도 억압으로 해결하는 것이 옳다고 생각하는 사람들을 어떻게 설득해서 마음을 돌릴까요? 설득하는 것도 중요하지만 내버려 두는 것도 방법일 수 있다는 것을 알았습니다. 필자 역시도 종교적인 굴레와 성적인 편견으로 똘똘 뭉쳐 있던 사람이니까요.

"당신이 만나는 모두는 무언가를 무서워하고,
무언가를 사랑하고 그리고 무언가를 잃은 적이 있다!"

문장 하나가 가슴에 박혔습니다. 내 편견과 아집으로 누군가는 죽을 수 있다는 생각을 할 수 있게 되었으니까요. 우리는 많은 생명이 꺼져 가는 것을 지켜보았습니다. 이제는 관점이 다른 사람들이 스스로 알아갈 수 있도록 기회를 제공해야 합니다. 제대로 알수록 편견은 줄어들 수 있으니까요. 필자 역시도 돌이키려고 애쓰기보다는 그들이 다르다는 것을 인정하기로 했습니다. 그리고 나의 이해와 관심을 힘이 되는 사람들을 수용하고 이해하고 받아들이는 것에 열중하기로 했습니다. 위로를 할 수 있는 사람이 되었으니까요. 위로는 나에게 의미 있는 누군가에게 건네는 인사와 같습니다. 죽음 앞에 그 모든 것이 얼마나 초라해질 수 있는지 경험하고 난 뒤로 사실 무서울 것이 없습니다.

선생님 아들이 동성애자라고 말해도 그렇게 이야기할 수 있나요? 누군가 필자에게 이렇게 물었습니다. 전에 남편과 이것을 상의한 적이 있는데, 우리는 인정하기로 했다고 대답했습니다. 그것이 무엇이든 아이들의 선택인데, 부모가 인정하지 않는다고 해서 아이의 머릿속에 한번 결정한 내용이 지워질까요? 마음으로 새긴 상처가 밖으로 드러나지 않는 것이 더 속상한 일입니다. 결론은 그것이 무엇이든 다른 사람에게 피해를 입히지 않는 자유라면 받아들일 준비가 되어 있다는 것입니다. 교사에서 부모의 역할을 더하는 때가 오면 알게 되는 감정들이 있습니다. 내 자녀라서 놓지 못하는 것들이 있습니다. 다른 아이들은 이해할 수 있는데 내 자녀라서 허용하지 못하는 것, 내 책임인 것 같아서 놓지 못하는 감정들이 있습니다. 그중 하나가 성과 관련한 문제인데 가장 강도가 세다고 생각해요. 다른 아이들에게도 가능하니까 우리 아이들에게도 가능한 일입니다. 우리 아이들에게도 가능하니까 다른 아이들에게도 가능한 것이란 생각을 늘 할 수밖에 없습니다.

'자세히 봐야 곱다, 예쁘다'는 시 구절을 들어 보았나요? 한번도 자세히 사람을 관찰하고, 삶에 대해 진지하게 고민해 보지 않은 사람이 있어요. 그런 사람들에게까지 인정과 위로를 기대할 만큼 심리적으로 가난하지 않았으면 합니다. 생명을 존중하지 않는 사람에게도 배울 수 있는 무엇이 있다는 것을 발견할 수 있습니다. 성교육의 한계는 다름을 인정하는 순간 극복할 수 있는 방법이 생깁니다. '생명 자체로 존중받아야 함이 마땅하다'는 것을 그 사람을 통해서 확실히 배울 수 있으니까요. 우리에게 다름이 없었다면 깨달을 수 없는 소중한 가치입니다.

선생님, 저도 제가 왜 이러는지 모르겠어요

성 고민에 대한 질의응답을 할 때 지금의 성교육이 올바른 목적과 방향성을 갖고 흘러가고 있는지 자문하는 상황이 발생합니다. 성 기관이 자신의 신체 일부분인데도 제대로 모르고 있는 청소년을 만날 때가 그렇습니다. 얼굴, 팔, 다리처럼 드러나지 않기 때문에 신경을 쓰지 못하는 경우가 많습니다. 그래서 몽정이나 월경 등 갑작스런 변화에 당황스러워 하고 공포까지 느낍니다. 여학생의 경우에는 잘못된 다이어트 정보에 자신의 몸을 싫어하는 경우도 종종 있습니다.

남성의 발기에 대한 정보도 제대로 전달되지 않습니다. 학교에서 발기 종류를 알려 줄 수 있는 분위기는 아니니까요. 남학생들에게 발기도 여성의 생리통처럼 사람마다 다르고 심리적인 영향도 받는다고 이야기하니 처음 듣는다는 눈빛으로 바라봅니다. 발기는 지극히 자연스러운 부분인데도 말이죠. 그렇기 때문에 쉬는 시간에 잠깐 졸았는데 발기가 된 자신과 그것을 본 선생님들, 같은 반 여학생들의 시선에 죽고 싶다고 하소연을 할 수밖에 없습니다. 수업 종이 울려서 이러지도 저러지도 못하는 당황스러운 남학생을 보고 어쩔 줄 몰라 하던 여자 선생님이 생각납니다.

발기는 음경 내부에 튜브처럼 생긴 해면체에 혈액이 급속도로 몰리면서 딱딱해지고 곧게 커지는 것입니다. 일반적으로 성적인 상상이나 물리적인 자극을 받으면 발기한다고 생각하는데 얕은 수면(REM) 상태에서 일어나기도 합니다. 성적 자극으로 기분이 좋아서도 아니고 흥분해서도 아닌 수면 중 발기를 하는 자연스러운 현상입니다. 이렇게 상황에 따른 발기 종류를 남성 자신도 모르는 경우가 있는데, 여성은 얼마나 모르겠어요? 엄마가 아들을 성교육하는 것을 부담스러워 하는 이유이기도 합니다. 아빠가 하면 좋은데 아빠도 자신의 몸에 대해 잘 모르고 자랐습니다. 그래서 남학생들은 갑작스런 발기 상황이 되면 수치심에 엎드려 버리거나 강한 압력을 가해서 수축을 유도하기도 합니다.

갑자기 성기에 압박을 가하면 다칠 수 있으니 심호흡을 하고 편한 자세를 취해야 합니다. 다른 사람들의 시선이 신경 쓰인다면 가방이나 옷으로 가리고 자리를 잠시 피해도 좋습니다. 이렇게 발기가 되었을 때 자연스러운 상황 대처법들도 성교육에 포함해야 합니다. 여학생의 월경도 남학생들에게 반드시 알려 주어야 합니다. 생리통도 여학생마다 강도가 다르고 심리적으로 불안해질 수 있으니까 여학생은 반드시 알아야겠죠. 물론 남학생, 부모, 교사를 포함한 모든 어른도 알아야 합니다. 모두가 자신의 몸에 대해 정확히 알고 제대로 교육받을 권리를 세워야 합니다.

한 비뇨기과 전문의는 어른들도 자신의 몸 상태나 변화를 잘 모르는데, 청소년들이 모르는 것은 당연하다고 했습니다. 질문 게시판에 올린 글을 보면 상식적인 수준임에도 잘 몰라서 오히려 당황스럽다고 말합니다. 학교에서 도대체 무엇을 가르치냐며 오히려 반문합니다. 산부인과 전문의도 마찬가지입니다. 병원 질문 게시판이나 지식인에 올린 질문을 보면 대다수가 잘못된 정보라고 합니다. 체계적으로 성교육을 하지 않은 증거입니다. 그래서 검증되지 않은 정보들을 계속 전달하는 것부터 바로 잡아야 합니다.

매일 살펴보는 내 몸인데도 관심을 갖고 살펴보라고 배운 적이 없습니다. 반대로 외모나 자기에게 에너지를 집중하는 것은 문제라고 합니다. 자아 정체성을 찾으려고 에너지를 발산하는 사춘기 아이들에게 에너지를 억누르라고 가르칩니다. 아이들은 일어나서 잠들기까지 거울로 내 얼굴 한 번 제대로 쳐다보지 못합니다. 치열하게 입시에 매달려서 거울 한 번 보지 못하는 삶을 살아가고 있습니다. 자연스럽게 온전히 내 몸을 살펴볼 여유가 없었습니다. 그래서 "선생님, 저도 제가 왜 이러는지 모르겠어요." 하고 이야기합니다. 여학생은 여성 질환이 생겨 병원에 가는 것에 심리적인 부담감을 느낍니다. 월경 기간에 겪는 불편함과 통증도 인정받지 못하고 오해를 받기도 해요. 질염 치료를 위해 여학생이 엄마와 같이 산부인과에 간다고 생각해 보세요. 단순히 질염 때문에 치료를 받는 것인데 모녀를 바라보는 사람들의 시선과 수군거림을 감당해야 합니다. 질염도 계절적 요인이나 생리대의 여러 성분 등의 이유로 염증이 악화되어 며칠 동안 병원 치료를 받아야 하는데 치료를 받으러 갔다 마음의 상처까지 받고 옵니다.

청소년들은 자기 자신을 사랑하고 존중할 수 있는 성교육을 받으며 성장해야 합니다. 그래야 남에게 피해가 되는 행동을 구분하는 조망 수용 능력이 정상적으로 발달하겠죠. 성에 대한 개념은 문화적 차원과 윤리적 차원, 또 가정과 지역 사회 등과 함께 여러 환경이 영향을 받으며 발달합니다. 성은 포괄적이고 다차원적 개념이기 때문에 단시간에 교육하기는 어렵습니다. 아이들의 신체가 변하고 성장하듯이 성 개념도 시대마다 변합니다. 부모와 친구, 대중 매체, 학교 등에서 끊임없이 교류를 하니까요.

성은 인간에게 반드시 필요한 중요한 개념입니다. 개인의 다양성을 인정하면서도 포괄적인 교육을 실시해야 하는 이유입니다. 정부와 학교 그리고 가정에서 지속되는 상호 작용을 통해 아이 수준과 특성을 고려하는 성교육을 해야 합니다. 그래야 아이들이 어른이 되면서 만나는 대한민국에는 굳건하게 성 개념이 자리 잡혀 있을 것입니다. 자기 몸의 변화에 당황하는 자녀에게, 제자에게 따스한 시선을 보내며 자신이 겪고 배운 성 개념을 안내할 것이라고 믿습니다.

성적 고민에 빠진 청소년에게 누구든지 자연스럽게 정확한 성교육을 할 수 있는 시대가 왔습니다. 아이들에게 보지 말라고 막는 것이 아니라 쉽고 재미있으면서 아이 특성에 맞게 교육하는 곳을 안내하는 것도 성교육에 포함됩니다. 아이들이 다양한 채널을 직접 둘러보고 개인 취향에 따라 선택하는 것이 진정한 개방적인 사회이자 민주적인 사회의 모습이라고 생각합니다.

남학생들이 자주하는 성 질문에는 성기 크기에 대한 염려가 담겨 있어요. 성기 크기가 남성의 자존심이라고 생각하는 경우도 있고요. 여학생은 생리를 시작하면 키가 더 이상 크지 않는다는 잘못된 정보를 가진 학생도 있습니다.

아이들의 성 개념과 성 발달이 어느 정도의 수준인지는 질문으로 가늠할 수 있어야 합니다. 성교육에 대한 단계적인 교육이 필요할 때도 있습니다. 선진국처럼 세련된 성교육을 우리도 할 수 있습니다. 성교육을 할 때마다 어느 정도의 수준에서 해야 할지 눈치 보며 망설이지 않는 성교육을 해야 합니다.

청소년의 성 전문 용어
: 세크스, 앙 기모띠, 보이루

우리만의 통용어, 신조어와 은어 뒤에 감추어진 심리는 무엇일까요?

일주일 동안 아이들과 3분씩 이야기를 나누어 보자고 결심하고는 실제로 실행한 적이 있습니다. 학교에서 만나는 친구들도 있었고, 학교 밖에서 만나는 친구들도 있었습니다. 필자의 자녀들과 놀이터에 갈 때면 거기에서 놀고 있는 친구들에게도 이야기를 건넸습니다.

처음에는 '웬 오지랖일까?' 생각하기도 했지만 요즘 아이들은 워낙 예방 교육이 잘 되어 있어 '날 이상하게 생각하면 어쩌지?' 하는 걱정도 들었습니다. 그런데 필자가 아이들을 키워서인지 그 아이들이 교육을 덜 받아서인지 모르겠지만 모두 스스럼없이 이야기하고 금세 친해졌습니다. 필자가 건네는 과자와 초콜릿도 맛있게 먹었습니다.

시대가 변해도 세월이 흘러도 여성들의 관심은 미모와 친구, 연예인, 맛집, SNS 등이고, 남학생들의 관심은 운동, 게임, 미디어 등입니다. 10대들의 소비자 분석 자료를 자주 참고하는데 라이프스타일을 살펴볼 수 있어 참 좋습니다. 직접 모은 자료들을 대화 주제들과 비교할 수 있기도 하고요. 10대는 주요 관심사가 학업 성적과 진학입니다. 다음 순위로 남학생은 친구와 이성이고, 여학생은 외모입니다. 여가 시간에는 주로 친구와 시간을 보내고, 사회적인 네트워크 형성과 유지를 중시합니다. 남학생들은 주로 게임을 하며 보냅니다. 여학생 대비 2배, 전연령 대비 5배 이상입니다. 모바일과 태블릿으로 온라인 쇼핑을 즐기고, 외모에 관심이 많은 여학생은 오프라인 뷰티 매장도 많이 찾아요.

성적 비하 발언이나 외모 지상주의, 성 불평등과 관련하여 사용하는 용어를 정리해 보았습니다. 젊은 세대, 미디어 세대는 이런 언어들을 거리낌 없이 사용합니다. 알아 두면 수업을 진행할 때 어떤 뜻을 내포하는지 알려 줄 수 있어 도움이 됩니다.

- 노란색 사고 싶다: '너랑 섹스하고 싶다'는 의미입니다. 발음을 따서 만든 비밀 언어입니다.
- 노모: AV 동영상에서 모자이크를 없앤 노 모자이크(no+mosaic)의 준말입니다.
- 똥꼬충: 접사의 형태로 '-충'을 결합하여 남성 동성애자를 비하하는 용어입니다. 성소수자인 게이들이 항문 성교를 하는 것에서 유래했습니다. 동성연애 혐오로 쓰는 용어입니다.

- 메태지: 남성 혐오 커뮤니티인 메갈리아 회원들을 비하하는 말로, 메갈리아와 멧돼지의 합성어입니다. 비슷한 말로 웜돼지가 있습니다. 본래는 게임에서 유래되었습니다. 메갈리아 초기의 모습은 여성 권리 신장을 옹호하는 것이었으나 점점 페미니스트가 변질된 여성 집단의 모습을 띕니다. 무 개념과 집단 이기주의 행태를 보여서 남성들은 물론 여성들조차 혐오감을 보입니다.
- 밍아웃: 접사의 형태로 쓰며, 어떤 성향이나 소속 따위를 스스로 드러내는 용어입니다. 성소수자가 스스로 자신의 성 정체성을 드러내는 것을 의미하는 '커밍아웃(coming out)'에서 유래했습니다(예: 덕밍아웃, 일밍아웃: 일베저장소).
- 보슬아치: 동사의 형태이며, 여성 성기와 '벼슬아치'의 합성어입니다. '여자라는 성을 벼슬로 알고 악용하는 여성'을 통칭합니다. 남자의 경우 '자슬아치'라고 합니다.
- 보이루: 대한민국의 유튜버 보겸이 인사할 때 쓰는 용어입니다. '보겸'과 '하이루'의 합성어로 인터넷상에서는 'ㅂㅇㄹ'라고 많이 씁니다. 워마드라는 남성 혐오, 여성 우월주의 집단 등에서는 여성 성기를 이르는 고유어에 하이루를 더한 여성 혐오성 단어라고 주장하기도 합니다.
- 뷔페미니즘: 명사 형태로 좋은 것만 취하고 나쁜 것은 버리는 페미니즘의 이중성을 비꼬는 용어입니다. 뷔페와 페미니즘의 합성어입니다.
- ㅅㅅ(2): '섹스'의 준말입니다. 다른 사람들 모르게 우회적으로 사용하는 용어 중 하나입니다.
- 세크스: 동사로 '섹스'라는 단어의 일본식 발음입니다. 보통 이 단어를 금지하는 게시판이나 대놓고 원래 단어를 쓰기 민망할 때 사용합니다.
- 앙 기모띠: 기분이 흥분되게 좋다는 의미로 씁니다. 그러나 일본 AV 여배우들의 주요 대사에서 유래하여 사용에 논란이 있습니다.
- 애빼시: '애교 빼면 시체'라는 의미로 여성을 비하할 때 씁니다.
- 엄빠주의: 명사로 '엄마 아빠 주의'의 준말입니다. 야한 사진이나 동영상이 들어 있는 글이므로 보기 전에 엄마나 아빠를 주의하라는 의미입니다.

- 옷파랑색 사고 싶다: '오빠랑 섹스하고 싶다'는 의미입니다. 발음을 따서 만든 비밀 언어 입니다.
- 은꼴사: '은근히 꼴리는 사진'의 준말입니다. 발기를 뜻하며, 노골적으로 야하지는 않으나 은근히 야한 사진이라는 의미입니다. 남자 청소년들이 씁니다.
- 키배: 키보드 배틀의 준말로 주로 인터넷 논쟁을 의미합니다. 물타기나 인신공격, 위협, 신상 털기 등 비상식적이고 비열한 방법을 동원하기도 합니다.
- 호모나게이뭐야: 게이를 우습게 이르는 감탄사입니다. '어머나'가 '호모나'로, '이게' 가 '게이'로 바뀌었습니다. 주로 남자와 남자 사이에 묘한 기류를 보일 때 다는 댓글입니다.
- 후방주의: 컴퓨터로 무엇을 몰래 볼 때 뒤에 누가 있는지 조심하라는 의미로, 주로 야한 사진들을 올린 게시글에서 사용합니다.

※ 출처: 위키백과 – 대한민국의 인터넷 신조어 목록

청소년들은 은어를 사용하면서 욕구 불만을 해소하기도 합니다. 또 목적 달성을 위한 수단이나 은폐의 목적도 있습니다. 여러 가지 스트레스에서 벗어나려는 하나의 방법이기도 하고, 단순하게 유희적인 쾌락을 위한 놀이이기도 합니다.

인터넷 신조어 같은 경우에는 시대의 흐름이며, 자신들의 고유하고 개성 있는 면을 강조하고 싶은 자존감 쟁취의 행동이기도 합니다. 청소년들에게 언어의 올바른 사용법을 가르치는 것은 중요합니다. 하지만 일시적인 현상이므로 비난보다는 관심을 갖고 청소년들을 이해하는 자세가 필요합니다. 성교육을 할 때 교사가 먼저 뜻을 알고 있다 말하면 오히려 아이들이 놀랍니다. 불쾌한 언어가 상대방에게 미치는 영향과 잘못된 성 관념에서 비롯한 용어라는 사실을 확인시켜 주세요. 교사가 청소년들의 언어 사용에 관심이 있다는 사실을 깨달으면 아이들은 말하기 전에 한 번 더 생각하게 될 것입니다.

5부

성교육,
부모와 아이들의 교감이 시작된다

학부모도 두려워하는
감정 포인트를 찾아라

    사람에게는 상대적으로 자신의 기분이나 상황을 파악할 수 있는 소프트웨어가 있습니다. 그 역할을 감정이 담당하지요. 세상에서 사람과 관련한 모든 일의 시작은 결국 두 가지 감정에서 시작합니다. 궁극적으로 감정이 양극단을 이루고 있습니다. 감정의 양극단에는 무엇이 있을까요? "너를 사랑해서 거짓말한 거야! 나는 네가 떠날까 봐 두려웠다고!" 사랑과 두려움이라는 감정의 뿌리로 일어나는 일들입니다. 인간과 관련한 모든 것에서 두 가지 감정을 발견할 수 있어요. 대한민국의 성교육 필요성이 사랑에서 시작된 것일까요? 성교육을 하지 않으면 두려운 일이 생길 것 같아서일까요? 감정 역시 상대적인 것이니까 '성'과 관련한 용어를 듣고 처음 느끼는 감정에 집중해 보면 알 수 있을 것입니다.

부모가 자신의 성과 부부의 성에 대한 만족도가 높은 상태라면 아이들에 대한 성교육은 사랑으로 시작되는 것입니다. 부모 입장에서 이토록 고귀하고 아름다운 경험을 우리 아이들에게도 전해 주고 싶은 마음에서 성교육이 시작될 것이기 때문입니다.

반면에 부모가 성에 대해 부정적으로 생각하고 예방과 두려움에서 비롯한다면 성교육은 두려움을 극복하는 것에서 시작합니다. 감정의 근본적인 원인이 사랑인지 두려움인지를 확인하면 접근 방법이 달라질 수밖에 없어요.

다음은 학교 성교육 표준안에 실린 내용입니다.

활동 2. 성폭력, 이럴 때 발생하고, 이렇게 대처할 수 있어요!

이성 친구와 단둘이 집에 있을 때

· 단둘이 있는 상황을 만들지 않는다.

남성을 잠재적인 가해자로 보고 있네요. 남녀가 단둘이 있으면 위험한 상황인가요? 사랑을 위한 감정이 아니라 두려움을 극복하기 위한 교육 구성안이지요. 그래서 결국 실효성 논란을 견디지 못하고 종적을 감추어 버렸습니다.

성과 관련해서는 되도록 긍정적인 경험을 만드는 방법을 안내해 주세요. 부모가 직접 성교육 관련 책을 추천해 주면 어떨까요? 수업 시간이나 교과 수업 주제 중 부모가 가정에서 함께 나누었으면 하는 주제를 골라서요.

대부분의 부모가 학교에서 무엇을 배우고 어떤 경험을 했는지 아이들에게 직접 듣고 싶어 합니다. 하지만 아이들에게 질문을 해도 제대로 들을 수가 없어요. 부모의 질문이 폐쇄형인 영향도 있지만 아이들은 자신에 대해 부모에게 이야기하는 것을 즐겨하지 않아요. 부모가 자신에 대해 많이 알수록 간섭이 심해진다고 생각하거든요. 실제로 아이들에 대해 많이 안다고 생각하는 부모의 경우 정서적 개입이 상당합니다. 아이들에 대해 다 알고 있어야 한다고 확신하는 것입니다. 부모에게는 성교육 정보를 제공하려는 취지가 안전하다고 명확하게 안내하고, 학생들도 학교와 가정이 연계해서 교육함을 알 수 있게 해야 합니다. 학교와 가정의 개별 교육은 더 이상 유효하지 않으니까요.

교사는 부모가 두려워하는 감정에 대해 성교육 주제와 연결할 수 있어야 합니다. 부모가 자녀의 성교육에 대해 걱정하는 주제는 다음과 같습니다.

- 유아기: 성기 씻기는 법, 기저귀 채울 때, 유아 자위, 성기 모양, 성기 크기, 부모와 함께 목욕 시기, 첫 성교육 시기, 교육 기관의 성교육 시기, 성교육 추천 책, 아빠와 딸 목욕, 아이들을 목욕탕에 데려가는 시기, 오이디푸스 콤플렉스, 남매 목욕 시기 등
- 초등학교: 사춘기 시작 시기, 신체적 발달, 학교 안 성교육 등
- 중학교: 중2병, 이성 교제, 자위, 포르노, 성폭력, 성차별, 학교 안 성

교육 등

- 고등학교: 이성 교제, 자위, 포르노, 성폭력, 심리적 변화, 사춘기 자녀와 대화법 등

미성년자이기에 보호받을 수 있는 제약적인 환경이 필요할 때도 있어요. 하지만 혼자만의 소중한 공간과 자유로운 시간을 존중해 주어야 합니다. 스스로 내 존재감에 대해 자각할 수 있을 때까지 삶에 여유라는 한 조각을 떼어 낼 수 있어야 해요. 빼곡하게 짜여 있는 하루의 일정 속에서는 불가능할 것입니다. 여유는 끊임없이 제공되는 정보와 미디어의 현란함 속에서는 도저히 맛볼 수 없는 감정이에요. 아이들도 자존감을 찾을 수 있도록 부모의 감정 포인트를 한 번 찾아볼까요?

2

교사, 청소년과 학부모 사이의
메신저가 되다

"생명은 자기 부모로부터 물려받은 것이지만, 그 생명을 보람되고
온전하게 키우는 법을 가르치는 것은 다름 아닌 스승의 몫이다."

— 유동범

있는 그대로 표현하는 것도 좋지만 성교육에 대해 학부모 입장에서
이야기해 보죠. 교사 입장도 모르는 것이 아니기에 학부모들에게 늘 전
하고 있습니다. 교사와 학부모는 결국 아이가 잘 자라도록 애쓰고 있는
공동 교육자라고 생각하기 때문이에요. 그 역할뿐만 아니라 학생들과
부모를 연결해 주는 메신저 역할도 있습니다. 필자가 책을 쓰는 이유도
같습니다.

직접 행동할 수 있도록 방법을 소개하는 것은 메신저 몫이지만 실

천하고 선택하는 것은 각자의 몫입니다. 일단 확신할 수 있는 것은 시도하면 어떤 결과치가 나온다는 것입니다. 행동하지 않으면 배울 수 없는 가치들을 위해 도전과 실패를 두려워하지 않아야 합니다.

메신저 역할을 하는 교사가 자신감을 갖고 메시지를 보내야 하는 것도 이런 이유에서입니다.

- 교육에 관한 전문가이며, 교육에 관한 경험이 풍부하다.
- 교육 결과에 대한 검증을 통해서 신빙성, 객관성을 확보할 수 있다.
- 다른 부모들의 의견과 반응을 참고할 수 있다.
- 집단 지성의 힘을 현장에서 체험할 수 있다.
- 교사의 권위는 스스로 세울 수 있다.
- 정확하고 명확한 용어를 사용할 수 있다.
- 의사들과 연예인들의 말이 영향력 있는 것처럼 교사들의 말에도 힘이 있다.
- 부모들과 한 팀이 되어 아이들 편에 설 수 있다.
- 아이들에 대해 부모에게 물을 수 있다.
- 부모에게 교사의 마음도 알릴 수 있다.

성을 교육하려는 교사들의 의견을 모아 보았습니다.

- 성은 아름다운 것이지만 아닐 수도 있는 것

- 성은 멋지고 소중한 것일 수도 있지만, 슬픔이고 아픔이 될 수도 있는 것
- 성에 대한 편견이 아닌 다양성을 제공할 것
- 용어에 대한 정확한 뜻과 이해는 개인차가 있을 수 있다는 것
- 교사가 먼저 자신의 성에 대해 면밀히 살펴볼 것
- 성은 모두 다르게 느낄 수 있는 것
- 성은 자연적이고 본능적일 수 있지만, 사회적으로 만들어질 수 있는 것
- 성은 모든 것이 될 수도 있고, 모든 것이 아닐 수도 있는 것

학부모에게는 자녀의 성교육에 대해 다음 사항들을 유념하여 안내해야 합니다.

1. 부모들의 성에 대한 생각이 유익하거나 유익하지 않음을 굳이 전달할 필요는 없다.
2. 어른들이 아이들의 성에서 걱정하는 부분을 부모의 경험에 빗대어 전달할 필요는 있다(강요나 위협은 불가).
3. 성에서 가장 최상의 가치를 알려 준다.
   - 성에는 행동에 대한 책임이 따름
   - 성은 사랑이 기본 전제
   - 성은 배려와 공감의 노력이 필요
4. 여성들과 남성들의 생물학적인 역할을 제외하고는 다르지 않음을

설명한다.

- 성차별과 역차별은 대개 가정에서 시작하는 경우가 많음
- 서로 지켜 주고 배려해야 할 대상임을 알려 줄 것

5. 가정 안에서 스킨십을 통한 안정감을 제공한다. 부모와 관계를 통해서 사회성이 제일 먼저 발달한다는 것을 기억하고 대리 학습, 먼저 모범을 보여야 한다.

6. 가족만의 성문화, 가치 체계를 안내할 수는 있지만 강요해서는 안된다.

교사는 부모가 걱정하는 아이들의 성이 무엇인지 살펴야 합니다. 아이들을 향한 교사들의 믿음과 아이들에 대한 부모의 믿음을 지켜 내야겠죠. 교사와 부모가 서로 신뢰할 수 있는 관계를 형성하는 것이 중요해요. 아이들에게는 교사와 부모가 일관되게 전달하는 메시지가 있다는 것을 알게 해 주어도 괜찮아요. 가끔 아이들을 통해서 부모의 양육 방식에 교사도 관심이 있다는 것을 전해도 좋고요. 다른 것은 몰라도 이것만큼은 확실히 자신 있는 교사만의 강력한 메시지가 있나요? 지금 그것을 전하면 됩니다.

3

청소년의 감정과 성교육은 함께한다

"흥분, 쾌감, 역겨움, 설렘, 짜릿함, 절정, 불쾌함, 혼란스러움,
예민함, 만족감"

이 감정들에서 어떤 생각이 제일 먼저 떠오르나요? 국어 시간에 배운 문학 작품이 아닌 성과 관련하여 우리가 경험할 수 있는 감정들이에요. 성교육이 어렵게만 느껴질 때는 감정을 다루면 좀 더 쉬워집니다.

성은 많은 감정을 동반한 행위입니다. 인간을 감정의 산물로 보는 견해도 있습니다. 대한민국에서 감정을 다루지 않은 성교육이 얼마나 많은 피해를 입히는지 뉴스만 보아도 압니다. 자신의 감정만 중요하게 여기고 상대방 감정은 아랑곳하지 않은 결과로 얼룩해진 상처들이에요. 감정을 고려하지 않고 이론과 기술, 예방과 피해에 대한 대책들로

만 구성된 성교육이 성과를 얻지 못하는 이유이기도 합니다. 청소년들은 감정이 극과 극을 이루는 가장 격렬한 사춘기를 겪고 있습니다. 감정을 감안한 교육이 절대적으로 필요한 상황입니다. 감정을 조절하고 그에 알맞은 행동 체계를 구축하고 실행하도록 해야 합니다. 이것이 성교육의 실효성을 보장받을 수 있는 방법일 것입니다. 반대로 감정만 내세운다면 어떻게 합리적인 선택을 할 수 있을까요? 성 행동과 관련한 사전의 약속, 무언의 약속, 우리들의 약속이 되려면 이성과 감정이 조화를 이루어야겠지요.

학교에서 교육할 때는 쉬는 시간에 유튜브를 보여 주기도 합니다. 아이들과 공감대를 형성하기 위한 하나의 방법입니다. 요즘 유행하는 가수들의 음악과 그들의 춤을 활용하여 여러 주제를 다룰 수 있습니다. 어른들도 좋아하는 음악 스타일과 호감이 가는 연예인이 있잖아요. 방탄소년단처럼 국제적으로 인정받고 선망의 대상이 되는 친구들도 있고요. 우리 아이들은 소셜 네트워크로 스타들의 사생활 정보, 인성 정보를 서로 소통하고 있어요. 그들을 일시적으로 좋아하는 아이들도 있고 모델링 삼아 닮아 가려고 열심히 노력하는 친구들도 있어요. 얼마 전에 HOT 콘서트 티켓이 몇 분 만에 매진된 것을 보세요. 어른들도 그 시절 즐거웠고 무언가에 열중했던 기억을 회상합니다. 아이들에게 연예인은 위안의 통로이자 자신들을 대변해서 대리 만족하는 대상이기도 해요. 공감대를 형성하기 위해 연예인들의 이름도 외우고 노래도 같이 들으면 어떨가요? 학교가 답답한 친구들에게 숨 쉴 공간을 만들어 주세요. 선생님은 이 노래를 좋아한다며 가끔은 먼저 다가가 주세요. 감정을 자극하고 감수성을 키워 줄 수 있는 책과 영화 이야기도 하고요. 좋아하는 것으로 공감이 형성되면 성교육 주제에 대해서도 더욱 쉽게 생각을 나눌 수 있으니까요.

※ 출처 청춘도다리 쓰님 카드

감정 카드로 아이들의 성에 대한 경험을 나누고 위로할 수도 있습니다. 어떤 이슈를 토대로 이야기를 나눈 뒤에 서로의 감정에 대한 의견을 감정 카드로 나누는 것이죠. 다양한 감정 카드를 활용한 프로그램이 청소년들에게 많은 위로를 줍니다. 마음의 상처를 입은 친구들에게 위로의 말을 전하기 힘들 때 대신 전달해 주는 문장 카드도 있고요. 평소에 말하기 힘든 감정 표현을 대신할 수 있습니다. 처음 한 번이 어려워서 그렇지요, 친구들끼리 스승과 제자 사이에 느끼는 긍정적인 감정을 자주 표현하면 서로에게 격려가 되고 힘이 되기도 하죠. 학습 이론에 감정을 더하면 정보 저장도 수월하고 기억에 오래 남기도 하고요.

우리에게 감정이 있는 이유가 무엇일까요? 감정을 통해서 새로운 개념을 배울 기회를 만날 수 있기 때문이에요. 누군가의 성차별 발언에 불쾌함을 느껴야 현실을 파악하고 나의 고정 관념을 살펴볼 기회를 마련할 수 있는 것처럼 말이죠. 우리의 뇌는 익숙함을 좋아하기 때문에 다른 변화를 감지할 때 감정이 제일 먼저 신호를 보내요. 뇌에 자극을 줄 수 있는 감정을 통해서 성교육에 긍정적인 변화를 일으켜야 할 때입니다. 모두에게 어렵지 않도록 감정을 배우는 성교육을 통해 새로운 돌파구를 찾을 수 있을 것입니다.

청소년의 자.기.결.정.권, 성교육의 핵심 키워드

"'2차 가해' 개념, 모르면 외우세요!"

한 신문 기사 제목입니다. 이해를 못하겠으면 외우기라도 하라는 뜻으로 강력한 메시지가 담겨 있습니다. 반드시 알아야 하는 개념이라는 것이 확실히 느껴지나요?

'2차 가해'란 성범죄 등 피해자에게 그 피해 사실을 근거로 '피해자의 행실이 불량해서 범죄 피해를 자초한 것'이라며 모욕하거나 배척하는 것을 의미합니다. 성폭력 피해자를 두 번 죽이는 행동이며, 부끄러운 대한민국의 일부입니다.

성적 자기결정권을 이해하지 못하는 사람들이 하는 흔한 오해이기도 하고요. 성적 자기결정권은 개인이 사회적 관행이나 타인에게 강요를 받거나 지배당하지 않으면서, 자기 의지나 판단에 따라 자율적이고 책임 있게 자신이 원하지 않는 성적 행위를 거부하고 반대할 수 있는 권리입니다. 내가 원하지 않는 성적 행위는 아무리 사소한 것일지라도 허용해서는 안 된다는 의미죠. 반대로 성적인 쾌락과 욕구를 충족하고자 취하는 행위와 능력을 포함한 적극적인 권리이기도 하고요. 그런데 청소년의 성적 자기결정권을 어느 범위로 정해야 하는 문제에는 논란이 많아요. 법에 대한 운용은 판사에 따라서 달라지기도 하고요.

아동·청소년 성범죄의 특징인 그루밍이 혼란의 중심에 있습니다. 아동과 청소년이 주로 피해자가 되기 때문이에요. 특히 부모의 무관심과 소외당하기 쉬운 폐쇄적인 환경에서 자라는 아이들이 표적이 되죠. 반대로 활발하고 사회성이 높아 인기가 많은 아이도 자신도 모르게 성적 자기결정권의 권리를 혼동할 수 있어요. 자신은 진심으로 사랑에 빠졌다고 말이죠. 가해 교사 역시도 그렇게 주장을 합니다.

청소년들이 학교 안에서나 밖에서나 성희롱·성추행을 인지했을 때 빨리 도움을 받을 수 있는 창구가 필요해요. 지금 아이들이 성폭력과 관련해서 상담이나 신고할 수 있는 창구로 보건 교사, 위 클래스, 상담 교사가 있죠. 하지만 현실적으로 이 창구들은 아이들에게 신뢰를 받지 못합니다. 친구들은 공감대가 형성되고 비밀 유지라도 할 수 있지만, 교사는 비밀이 보장되지 않을 때가 많고 성 감수성 또한 예민하지 못하기 때문이에요. 어른들은 결국 어른들 편이라는 생각을 통상적으로 하거든요. 예민한 시기라 세상에 나 혼자라는 생각을 더 자주 하기도 하잖아요. 그렇기 때문에 성적 자기결정권이 더욱 중요해요. 누가 도와주지 않아도 자신과 타인에게 해가 되지 않는 선택을 할 수 있어야 하니까요.

아이들 스스로 자존감을 가지도록 도와주는 것도 필요해요. 남성은 파란색, 여성은 빨간색 같은 색깔로, 외모로, 옷으로 구분하는 성별 차이는 더 이상 의미가 없다는 것을 알고 있어요. 인간의 존엄성과 평등함을 엑스레이에 찍힌 뼈대의 모습으로 주장하는 똑똑한 아이들입니다. 아이들에게도 배울 수 있는 것이 있다면 앞장서서 배워야지요. 교사와 아이들이 서로 잘못된 성적 지식에 관한 이야기도 나누면서 학습할 권리도 지켜 주고요.

교사와 아이들이 성적 자기결정권, 성적 고정 관념에 대해 학습할 수 있는 방법

1. ○× 퀴즈 리스트
2. 아이들의 분별력을 키우기 위한 안내
   - 부모의 성 고정 관념 조사하기
   - 사회 전반적인 이슈나 분위기 알아보기
   - 성적 자기결정권 등 용어에 대해 정확히 이해했는지 여부 알아보기
   - 여성 혐오, 남성 혐오에 대한 개인적인 의견, 무리의 의견 조사하기
3. 교사의 권위를 내려놓는 이야기
   교사에 대한 고정 관념을 이야기해 보고, 아이들 의견 들어 보기
   (예: 뇌 구조 그려 보기, 그림, 아재더임)

4. 지금 교육부나 정부 의견, 견해를 아이들과 직접 찾아서 실효성 검증

5. 인터넷 기사, 허위 정보에 대한 사실 체크

6. 내가 기자라면 성 관련 기사를 어떻게 쓸 것인가?

7. 내가 권력을 갖고 있다면 다양한 역할에서 어떻게 행동할 것인가?
(예: 국회의원, 판사 등)

아이들이 성적 자기결정권을 행사할 수 있도록 안전한 상태에서 자기결정권을 연습시키는 환경을 만들어야 할 것입니다. 기본적으로 성적 자기결정권이 존중되고 있는지가 중요합니다. 나는 다른 사람의 성적 자기결정권을 존중하고 있는지를 기본 바탕으로 삼는 선택을 말이죠. 자신만의 의사 결정을 하면서 내 고유성을 유지할 수 있는 정보들을 찾아 준비시키는 것도 성교육의 일부인 셈입니다. 성적 자기결정권은 상상으로 자신의 상황을 고려할 수 있는 능력도 포함됩니다. 오롯이 스스로 결정할 수 있고 그 결과를 유추해 보는 능력까지 갖추어야 합니다. 성과 관련한 진실이 무엇인지 분별하고 점검하려는 의지도 있어야 하고요. 내가 감당할 수 있는 감정의 무게가 어느 정도인지 가늠해 보고 결정을 견고하게 이어 나갈 수 있도록 우리가 도와야겠지요. 성에 관련하여 자신의 생각을 확장할 수 있도록 프로그램을 함께하면서요.

첫 성관계를 하기 전에 무엇을 고려해야 할까요? 교사들과 청소년들이 나눈 대화를 바탕으로 열 가지로 압축해서 정리해 보았어요.

1. 임신과 성병에 대한 위험을 막도록 대비할 것이다.

2. 일방적인 만족을 위한 관계는 아닌지, 올바른 성관계가 맞는지 살펴볼 것이다.

3. 솔직한 감정, 느낌 등 성적 의사소통이 원활하게 이루어질 수 있는 관계일까?

4. 나와 상대방은 피임하는 법과 피임 기구에 대한 이해를 하고 있는가?

5. 자기결정권: 싫은 이유 / 허락한 이유

6. 성관계 결과에 대해 나중이 아니라 지금 함께 생각해 볼 것이다.

7. 성추행, 성폭력과 지금의 관계는 관련이 없는가?

8. 내 인권과 상대방 인권이 보호되는 주변 환경에서 이루어지는 것인가?

9. 어떤 가치가 나에게 제일 중요한가?

10. 사전에 준비 없이 즉흥적이지는 않았는가? 선택에 후회는 없는가?

혹시 〈국가 부도의 날〉이라는 영화를 보았나요? IMF를 직접 겪은 부모 세대 밑에서 자라서인지 그때 상황이 이해되면서 눈물이 나더라고요. 언론과 정치의 희생양은 되지 말아야겠다는 다짐도 했고요. '나는 지금 깨어 있나?'라는 질문을 수도 없이 하고 있어요. 우리부터 깨어 있어야 한다고 생각해요. 늘 새로운 흐름의 물결에는 교사와 학생들이 선봉이었으니까요. 청소년들의 성적 자기결정권은 성교육의 핵심 키워드이자 '내가 깨어 있다는 신호'입니다.

5

학부모와 상담에서 쓸 수 있는
체크 리스트를 공개합니다

"우리에게 독서만큼 유익한 것은 없다고 하지만 소설에서 폭력과 성차별을 배워요!"

비디오를 비롯한 영상 매체들이 등장하면서 아이들이 폭력성과 성에 대한 개방성이 더욱 두드러졌다고 합니다. 그래서 스마트폰도 못 보게 하고 모든 미디어에 대한 노출을 줄여야 한다고 주장하는 사람들이 있어요. 〈검볼〉이라는 애니메이션에 나오는 랩의 일부분에 이런 내용들이 있어요. 학교에서는 미디어의 유해성을 감지하고 모든 미디어를 금지시킵니다. 그 상황에서 주인공은 발표회 때 랩으로 교육 현실을 설명하는 내용이에요. 부모들은 책을 보라고 하지만 아이들은 로미오와 줄리엣을 보면서 폭력을 배운다는 것입니다. 유명한 여러 소설에 나오는 주인공을 보면 정의라는 이름으로 살인을 하고요. 공주 이야기에서 성 불평등을 배우고, 성 역할에 대해 고정화된 이미지를 그려 나가지요. 우리도 전래동화에서 고정된 성 역할 등을 배웠으니까요. 미국과 영국, 아일랜드의 합작 애니메이션인 〈검볼〉에서 주장하는 것은 미디어 자체가 문제가 아니라 결국 그것을 어떻게 활용해야 하는지 지도하는 부모의 역할이 중요하다고 말합니다.

학부모가 교사에게 무엇을 부탁하고 싶은지 의견을 물었어요. 대부분 어떻게 아이들을 교육해야 할지, 학교와 가정에서 어느 정도 일관성 있게 교육할 수 있도록 가이드라인을 정확하게 제시해 주기를 바라고 있었지요.

아이들에게 자연스럽게 이야기를 건넬 수 있고 통로 역할을 하는 사람이 교사이므로 부모들의 마음을 대신 전해 주었으면 하는 욕구도 있고요.

필자는 수업을 하러 학교에 갈 때면 복도에서 걸어 다니는 아이들만 보아도 좋습니다. 외모가 아닌 저마다의 표정이 좋고, 생기 있는 것이 좋습니다. 처음 보는 교사임에도 인사해 주는 친구들이 그저 고마웠습니다. 그런데 필자도 아이를 키우면서, 또 아이들과 함께 현장에서 호흡하다 보면 잊어버릴 때가 있습니다. 부모들도 마찬가지예요. 아이들을 향한 관심과 사랑을 잊지 않도록 수시로 메시지를 나누어야 해요. 또 남녀의 망막 세포가 다르고 청각이 다르다는 것 같은 교육적인 한계도 솔직히 알려 줄 수 있어야겠죠. 그래서 성별에 따른 교육법이나 소통법이 조금 다를 수 있다는 것을 참고할 수 있도록 말이죠.

아이들에 대해 궁금한 내용을 정기적으로 설명할 수 있는 시간도 의미 있게 활용하면 좋죠. 아이에 대해 부모가 어떤 것을 인지하고 있어야 하는지 잘 모를 수도 있으니까요. 학교의 중요한 사안에 대해 당황해 하거나 반대하는 부모를 위해서도 정확히 안내해야 합니다. 학교 기능을 정확히 인지해야 하고 다른 아이들의 영향이 걱정되는 부분도 살펴야 합니다.

아이들의 이성 교제에 대해 부모가 모르는 부분이 있을 수 있어요. 요즘 아이들의 이성 교제의 특성은 이렇습니다. 초등학교, 중학교, 고등학교에 따라 조금씩 다르겠지만, 비슷한 모습을 보여요. 궁금한 내용을 사전에 생각해 보고 질문할 수 있도록 학생 질문 리스트를 공개합니다.

- 교제 자체가 이벤트성일 수 있다.
- 실제로 대면이 없을 수도 있다. 인터넷, SNS만으로 이성 교제가 가능하다.
- 아직 관심이 없는데 친구들 때문에 교제할 수도 있다.
- 어떻게 교제를 이어 나가야 하는지 미숙하므로 친구들의 정보 의존도가 높다.
- 단순하게 이성 친구가 있다는 것만으로도 만족할 수 있다.

학교에서 성폭력 예방 교육을 어떻게 받고 있는지도 알고 싶어 합니다. 아이들이 집에 가서 이야기를 하지 않으니까 답답해 합니다. 제대로 받고 있기는 한지 친구들끼리 성적 농담이나 성에 관련한 동영상을 서로 공유하고 있지는 않은지 말이죠.

몽정과 자위에 대해 에티켓을 알고 있는 부모가 많지 않아요. 남학생을 둔 부모에게는 이렇게 알려 주세요.

- 들키면 서로 당황하지 않은 척이라도 해야 한다.
- 자위하는 것을 보았을 때는 반드시 사과를 하거나 받아야 한다. 그런 다음 존중하는 분위기에서 약속이나 사인을 정해 둔다.
- 자위는 자연스러운 욕구이지만 자위만 생각하는 것은 자연스럽지 않다.
- 첫 몽정은 축하해 준다. 축하받아야 한다는 것을 알려 준다.
- 자위할 때 지켜야 할 예절을 알려 준다.
- 부모와 아이만의 약속이나 신호를 만들어 둔다.

첫 생리에 대한 두려움은 정보 부족에서 기인해요. 부모가 아이들을 배려하여 알려 준다면 안심이 되겠죠.

- 생리 전에 냉이 먼저 시작된다.
- 속옷이나 생리대를 같이 구입한다.

- 사용법을 숙지하고 대비책을 알려 준다.
- 첫 생리를 맞이했다는 사인을 사전에 만들어 두고 축하해 준다.
- 축하는 아이가 허용하는 선에서 과하거나 모자라지 않게 한다.
- 생리를 시작한다는 것이 어떤 의미인지 자연스럽게 설명해 준다.
- 불규칙성도 있을 수 있고 통증에 대한 강도도 다르다는 것을 알려 준다.
- 생리로 성기가 불편한 것은 정상이다. 도움을 청하는 것은 오해의 소지가 되지 않음을 알려 준다.

학부모에게 위 클래스라는 기관에 대한 안내를 정확히 해 줄 필요가 있어요. 위 클래스의 존재 자체를 잘 모르는데 어떤 목적으로 설립했는지 어떻게 알 수 있겠어요? 위 클래스가 설치된 곳은 약 60% 정도입니다. 더 많은 곳에 배치와 인력 충원이 필요한데, 학부모에게 중요성을 알리면 제도적인 면에서도 한결 수월할 것입니다. 전문 상담 교사 배치를 늘리겠다는 소식도 있지만 아직 확실하지는 않아요. 학교 소속이 아닌 교육청 소속인 상담 교사를 늘리면 학교 입장에서는 불편한 부분도 있겠지만, 학부모 입장에서는 학교에 대한 신뢰를 회복하는 데 도움이 될 거예요. 교사들이 학교 운영진들에게 건의해 주세요. 부모들을 잘 설득하여 제도화할 수 있도록 힘을 보태어 달라고 요청해 주세요. 부모들은 언제나 아이들을 위해서라면 무엇이든 할 준비가 되어 있으니까요.

학교에서 성교육을 실시할 때 교장 선생님들의 교육적 사고 방식이 학교 전체에 미치는 영향이 상당히 큽니다. 학부모들에게 성교육의 정확한 의도를 알리고 현 시점에서 우리나라의 성교육 지침이 어느 수준인지를 알려 주면 좋겠습니다. 그래서 학부모들이 필요하다면 전문 기관을 찾아가거나 필요한 정보를 찾을 수 있도록 안내해 주는 것도 필요하고요. 학부모들은 학교의 최종 결정권자가 교육적 목표를 갖고 학생들의 성장을 위해 마음을 쓴다는 것을 알면 오히려 안심을 합니다. 그리고 꼭 성교육 전문 기관에 있는 교사와 함께 전문 자료와 연구 결과를 토대로 실제 자녀들에게 적용되는 성교육 내용도 포함시켜 주세요.

학교 안에서 성교육으로는 아직 많이 부족하지요. 누구에게 물어봐도 어느 정도 비슷한 대답이 나와야 하고 어색해 하지 않는 사회를 만들어야 성폭력 위험을 줄일 수 있고요. 어른들의 예쁘다는 손길을 자연스럽게 거부해도 기분 나빠하지 않는 사회가 되어야 합니다. 부모 상담 시간에 체크 리스트를 활용해 보세요.

6

교사와 부모가 알아야 할
성교육 감정 언어

"어떻게 청소년한테 성적 자기결정권이 있어요? 결정에 책임도 못 지는데? 당연히 부모가 결정해 줄 수 있는 것은 해야죠. 내가 보호 자인데!"

그럼 만 19살이 되는 해 1월 1일부터는 우리 아이에게 모든 결정을 허락할 것인가요? 스스로 책임지는 선택을 한 적이 없는 어른들이 만들어 가는 대한민국의 성을 맞이하고 싶지는 않네요. 결정이란 것은 이미 유아기 때부터 선택권을 주면서 연습을 해야 하는 과업이기도 해요. 어떤 결정이든지 행동에 대한 책임을 진 적 있는 사람만이 누리는 경험의 질이란 것이 있으니까요. 안타깝게도 상식적이지 않은 가정 환경에 노출될 수 있으므로 학교 교육이 더욱 중요하다고 이야기하고 싶어요.

가정마다 사정이 다른 아이들이 한곳에 모인 곳이 학교이기 때문이에요. 아이들에게 성적 자기결정권에 대한 교육을 할 때 과연 그 결정을 존중받을 수 있는 환경이 뒷받침되었는지 먼저 살필 수 있어야 해요. 청소년에서 어른이 되는 경계선에 있는 친구들에게는 무엇이 옳은 결정이 될 수 있을까요? 며칠만 지나면 가능한 일이니 조금만 인내하도록 설득해야 할까요? 지위 비행이던 것이 어떤 한 시점으로 당당한 것이 될 때 느끼는 쾌감을 기억하죠? 어른이 되면 더 이상 법에 저촉되지 않는 행위들을 못하는 것과 하지 않는 것의 차이로 간단하게 구분할 수 없는 것이 현실이에요. 자기결정권의 핵심은 어렸을 때부터 정확하게 인지하도록 많은 실전 경험을 제공하는 것입니다. 어른이 되어도 변하지 않는 권리니까요. 어떻게 해서 자기결정권이 중요한지 설명하지도 않은 채 갑자기 결정에 책임을 지라고 하는 것은 무책임한 교육입니다.

먼저 학교 안에서 가르치는 아이들의 성은 올바른 성이어야 한다는 전제에서 자유로울 수 없어요. 그럼 올바른 성에 대한 정의가 있어야 하는데, 올바른 성이라는 것은 올바르지 않은 성이 존재하기 때문에 가능한 것입니다. 이것은 옳고 그름이라는 판단에 근거해야 하는데 우리에게 올바른 성이라는 것은 어떤 판단 기준이 적용되는 것일까요? 누구에게는 옳지만 또 다른 누구에게는 옳지 않은 성이니, 그러면 최소한의 합의를 이끌어 낼 수 있는 보편타당한 기준을 세워야겠죠. 학교 성교육 표준안이 아직도 찬반 여론에서 벗어나지 못하고 있는데, 어떤 기준을 세우고 교육해야 할까요?

성폭력에 방관자가 아닌 적극적인 태도를 취하는 사람들이 많으면 피해가 줄어들 수 있습니다. 이것은 종교적인 억압이나 처벌을 말하는 것이 아닙니다. 지극히 개인적인 영역이라고 생각했던 가정 폭력, 아동 폭력, 데이트 폭력 등이 이제는 서로 지켜 주어야 하는 기사도 정신으로 거듭나야 한다는 것입니다. 국민 의식 수준은 교육으로 높일 수 있지 않나요? 설득은 감정의 변화를 일으키지 않으면 사실상 불가능한 것입니다. 누군가가 느끼는 고통의 감정을 이해하지 못한다면 도와줄 수도 없고, 도와줄 필요성도 진심으로 깨닫지 못하니까요.

성교육은 다른 어떤 교육보다 우선해야 할 중요한 교육입니다. 스포츠 성폭력 관련 법안에 이어 정치계 미투까지 이어지고 있습니다. 그동안 제대로 관리하지 못한 관리자를 해임하는 것으로 일단락될 수 있는 부분이 아닌데도 급하게 해결하는 척만 하고 또 방관하고 있어요. 우리가 절대 포기하지 않고 조속히 도려내야 할 대한민국의 썩어서 냄새나는 영역입니다. 더 이상 누군가의 희생으로 또 다른 기회를 만들어서는 안 됩니다.

지식적인 분야는 미디어에 맡겨도 되지만 성교육은 직접 다루고 나누고 살펴보아야 할 내용이 매우 많습니다. 지극히 개인적이고 다양한 사람들이 모인 세상이니까요. 똑같은 상황은 단 하나도 있을 수 없으니까요. 그래서 성교육이 굉장히 중요합니다. 생명의 시작이면서 사랑이 완성되는 과정이고, 끝이기도 하며 결실이기도 한 것이 성이기 때문입니다.

성교육을 할 때 모든 프로그램에서 감정 언어를 사용하고 감정을 표현할 수 있도록 해야 합니다. 감정 언어는 욕구를 충족했을 때와 그렇지 않았을 때를 기본으로 다양한 언어가 존재하거든요. 교사가 일방적인 지식과 성 관련 용어를 사용한 뒤라면 더욱더 감정에 대한 질문과 피드백이 이루어져야겠지요.

다음 언어들을 살펴보세요. 언어를 살펴보는 것만으로도 성교육을 어떻게 해야 하고 프로그램 설계를 할 수 있는지 어느 정도 감을 잡을 수 있을 것입니다. 감정 언어를 많이 알수록 다양한 감정들에 대해 이해할 수 있을 것입니다.

욕구의 충족을 알리는 감정 언어

즐거운, 유쾌한, 통쾌한, 기쁜, 행복한, 반가운, 감동받은, 환희에 찬, 황홀한, 충만한, 벅찬, 뿌듯한, 만족스러운, 상쾌한, 흡족한, 개운한, 후련한, 든든한, 흐뭇한, 홀가분한, 평화로운, 고요한, 누그러지는, 진정되는, 잠잠해진, 활기찬, 신나는, 용기 나는, 당당한, 살아 있는, 생기가 도는, 짜릿한, 흥분된, 두근거리는, 희망에 찬, 기대에 부푼 등

욕구가 충족되지 않음을 알리는 감정 언어

무서운, 섬뜩한, 오싹한, 주눅이 든, 겁나는, 두려운, 진땀 나는, 간담이 서늘해지는, 혼란스러운, 창피한, 놀란, 민망한, 부끄러움, 무안함, 화가 나는, 속상한, 약 오르는, 분한, 울화가 치미는, 격노한, 억울

한, 치밀어 오르는, 불편한, 거북한, 겸연쩍은, 난처한, 답답한, 갑갑한, 어색한, 찝찝한 등

걱정과 불안 등 감정 언어

겁나는, 두려운, 무서운, 소름끼치는, 조마조마한, 조심스러운, 손에 땀을 쥐게 하는 등

놀람과 충격의 감정 언어

기막힌, 깜짝 놀란, 덜컥하는, 황당한, 아찔한, 움찔하는, 어안이 벙벙한, 할 말을 잃은 등

부러움과 간절함을 나타내는 감정 언어

간절한, 샘나는, 안달하는, 애타는, 절실한, 참지 못하는, 질투 나는, 도저히 못 견디는 등

이외에도 피로감, 고양되는, 간절함 등 많은 감정 언어가 있어요. 시간될 때마다 아이들과 함께 감정 언어를 찾아보고 생각과 경험을 나누는 시간들을 자주 가지면 좋겠어요. 감정 언어를 나누는 것만으로도 아이들과 나누는 대화의 질이 향상되니까요. 서로의 감정을 파악하고 대화를 통해 마음을 나눌 수 있으니까요.

학교 안 성교육은 교사와 부모가 알아야 하는 성교육 감정 언어를

사용해서 맥락 있게 구성해야 합니다. 자신을 먼저 명백히 알아야 하고, 다른 사람도 편견 없이 투명하게 바라볼 수 있어야 합니다.

"너 성교육 참 잘 받았구나!" 하고 부모는 어떻게 판단할 수 있을까요? 어른들이 판단할 수 있는 수치화된 자료가 아니고서야 알 수 있는 방법이 얼마나 있을까요? 전 인류가 인터넷 세상 안에서는 제약을 느끼지 못하는 시대를 삽니다. 우리가 제약과 허용하지 못하는 부분을 강조하는 성교육을 한들 도움이 될까요? 자신이 스스로 깨닫고 결정할 때 참고가 되는 감정이 있고, 강점이 있는 성교육으로 디자인해야 하지 않을까요?

7

아이들은 자신이 믿는 대로 성장한다

(feat. 교사+부모)

"섹스는 자연의 일부다. 난 자연에 동의한다."

– 마릴린 먼로

성이 고결하다는 것을 깨닫는 순간이 있어요. 그래서 마릴린 먼로의 말에 필자 역시 동의합니다. 우리는 사랑하는 사람과 정신적, 육체적인 관계를 맺었을 때 가장 행복한 감정을 느낍니다. 어른들은 성관계는 생명을 탄생시키는 거룩한 행위이면서 더 나은 관계를 위한 성장의 동력임을 본능적으로 알고 있습니다. 성관계는 혼자서는 살아가기 힘든 인간이 더 나은 존재로 거듭나기 위함입니다. 새로운 진화의 산물을 세상에 내놓는 동기, 더 나은 완성을 위해 함께 맞추어 가는 것이 성입니다. 생명을 함부로 할 수 없는 이유이기도 합니다. 다른 사람의 죽음으로 배울 수 있는 살아 있는 자만의 특권이라고 생각해요.

윤리 과목을 보면 기사도, 무사도, 선비 정신이 나와요. 안타깝지만 여성들은 현모양처 정신 말고는 강조한 것이 없음을 알 수 있네요. 선비는 중세 봉건 시대인 11세기에 발생했는데, 무용과 성실이 초기 덕목이었죠. 그 외 강조하는 것이 용기, 정의, 예절, 신에 대한 경건한 헌신과 귀부인에 대한 헌신 등이 있어요. 무사도는 일본의 춘추 전국 시대에 전투를 업으로 하는 계급으로 사무라이라고도 하죠. 사무라이는 철두철미한 반성적 태도와 명예, 소박함, 염치를 아는 것이 규범이에요. 선비는 학문과 인격을 함께 갖춘 유교 사회의 지식인으로 주군에 대한 충성과 대인 관계에서 신의, 용기, 약자에 대한 배려를 기본 규범으로 삼았어요. 어렸을 때부터 교육으로 기본 정신을 함양하고 사회 구성원의 역할을 소홀히 하지 않도록 말이죠. 현대 교육의 바탕은 예전보다 못하다는 생각이 들어요. 그래서 자기의 고유함을 찾는 것에 대한 교육, 인성 교육이 중요할 수밖에 없습니다. 자신에 대해 모르는데 다른 사람을 이해하고 관계를 맺고 사랑할 수는 없죠. 자신의 감정에 솔직하면서 상대방 동의를 구할 수 있는 세련된 방식을 아이들은 알 권리가 있어요.

"나는 이것을 지켰을 때 선택에 후회가 없을 것 같다.
나 자신을 드러내고 지키는 한 가지가 뭘까?"

옳고 그름에 대한 문제를 계속 양산하는 것이 아니라 자신은 이 일에 대해 어떤 감정을 느끼고 있는지 알게 해야 합니다. 교사도 질문을 해야 하지만 아이들도 스스로 질문을 하도록 도와주세요. 교실 안에서 친구들과 교사의 의견을 들으며 자신은 어떻게 생각하는지 자기결정권에 대해 수시로 배울 수 있도록 말이죠. 교사와 부모가 아이들을 어떤 방향으로 이끌어 갈 수는 있어도 그 길을 걷는 것은 아이들 결정에 달린 일이니까요.

"애들아, 지금 이 상황에 어떤 기분이 들어?"
"어떤 부분이 너희를 좋게 혹은 나쁘게 만들었을까?"
"너희들은 이 사실에 대해 그냥 받아들이면 안 돼. 너희만의 답을 찾을 수 있어야 해."

교사들이 할 수 있는 역할은 가르치는 것입니다. 성에 대한 가치관이 형성되고 고정 관념으로 자리 잡히는 시기가 청소년기잖아요. 미디어에서는 온통 성에 대해 슬프고 아픈 소식들만 전해 오는데 경각심을 심어 준다고 두 번, 세 번 반복할 필요는 없어요. 설사 성에 대한 우리 감정이 유익하지 않더라도 아이들에게 그것을 반복적으로 전달할 필요는 없겠죠. 고정 관념은 권위 있는 사람들이 심어 주는 경우가 많으니까요. 어른들의 충족되지 않은 욕구 때문에 아이들을 희생양으로 만들면 안 됩니다. 어른들도 해내지 못한 것을 아이들이 반드시 해야 할 책임은 없으니까요. 자기 삶의 주인공은 각자가 맡아야죠. 아이들 삶의 주인은 아니잖아요. 아이들도 자신들의 소망을 살피고 현실에 맞는지 점검해 보며 끊임없이 성장해야 하는 나름의 과업이 있으니까 믿고 지켜보세요.

교사는 많은 제자를 만드는 것이 목표가 되어서는 안 됩니다. 다른 삶들의 스승을 길러 내는 것을 목적으로 하는 교육을 해야 하지요. 청소년들이 자라서 다른 사람에게 좋은 영향력을 미치도록 가르칠 수 있어야 합니다. 미래의 가능성을 확신시켜 주는 교육을 해야 합니다. 성에 대한 나쁜 소식만 전하는 어른, 나쁜 느낌만 이야기하는 부정적인 어른보다는 우리가 먼저 유쾌한 느낌을 갖도록 이끌어 주면 좋겠어요. 다만 인생의 선배이기에 염려할 수 있는 부분에 대해서는 정확하게 전달해 주어야 합니다. 경험자의 감정을 전달할 때는 객관적인 사실을 먼저 말한 뒤 교사의 감정을 표현해야 해요.

지금은 미투 운동으로 상처받은 교사들과 아이들을 서로 위로하는 시간을 갖는 것이 필요한 시점이에요. 교사들도 그동안 받은 상처가 크다는 것을 아이들은 알고 있습니다. 몇 명의 교사 때문에 최선을 다하는 교사까지도 힘들다는 것을 아이들도 이해하고 있어요. 아이들도 교사를 위로하고 살피고 있다는 것을 알아주세요.

애착 손상을 겪는 어른이 많습니다. 그들은 부모일 수도 있고, 교사일 수도 있고, 정치인일 수도 있고, 회사 대표일 수도 있습니다. 그래서 곳곳에서 상처를 내고 있는 경우가 생기는 것이죠. 아이들이 어엿한 사회인이 되었을 때 그들 속에서 상처받지 않고 자신만의 삶을 가꾸어 나 갔으면 하는 바람이 있어요. 하지만 우리 바람대로 아이들은 자라지 않아요. 아이들 삶은 아이들 선택에 따라 결과가 결정되니까요. 우리들이 지향하는 훌륭한 가치가 있다는 것을 먼저 행동으로 보여 주고 증명하는 역할을 멋지게 감당하는 것이 최선이에요. 결국 아이들은 자신이 살고 있는 세상에서 자신의 바람대로, 자신이 믿는 대로 자라게 되어 있으니까요.

성폭력 예방은 성 감수성에서 시작한다

한 사회의 사회적·역사적으로 형성되는 사물, 일에 대한 개인적·집단적 감정이나 견해, 사상을 의식이라고 합니다. 보통 가장 약한 대상들을 진실하게 대우하고 존중하는지를 보면 알 수 있죠. 어린이, 노약자, 장애인들의 처우가 개선되고 있는 것처럼 성폭력 생존자에 대한 의식도 달라질 필요가 있어요. 성폭력 생존자는 숨어서 버텨야 살 수 있다고 생각해요. 하지만 그렇지 않다는 것을 보여 주고 우리 사회가 진화할 수 있다는 희망을 놓아서는 안 됩니다.

성폭력에 대한 반응은 여성 대 남성의 문제만은 아닙니다. 인간이 원래 갖고 있던 의식의 수준 차이에서 발생해요. 같은 성별인데도 이해를 못하는 경우가 있거든요. 그런 상황이 오히려 피해자에게 더 큰 상처가 되기도 합니다. 자신이 직접 피해를 입지 않아도 상대방의 아픔과 어려움을 공감하는 것은 감정의 정상적인 기능이거든요. 그런데 공감은 진심으로 공감을 받을 수 없는 환경에서 자라게 되면 잘 모를 수 있어요. 그래서 내가 스스로 인간관계를 맺어 경계를 구분하면 좋습니다. 상대방에게 기대를 하거나 상처를 받지 않는 자신으로 성장하는 것이 더 빠를 수도 있어요. 결국 개인적인 자립과 성숙을 합쳐 집단의식의 변화를 일으켜야 해요. 모든 것에 부정적이고 날카롭고 분열을 바라는 사람들은 실제로 존재해요. 그들은 과거의 경험에 비추어 사람들을 온갖 제약으로 묶어 버립니다. 성폭력 피해자에게 비수를 꽂는 말도 아랑곳하지 않고 하죠. 디지털 세상 안에서 존재하며 제약을 느끼지 못하는 시대적인 핑계도 있습니다. 그런 사람들은 환경 탓, 남 탓을 하지만 결국 현재의 자신을 허락한 것은 자신의 선택이에요. 그들의 궁극적인 목적이 한 사람의 몰락이고 아픔이고 상처라면 그들을 만족시키는 반응을 하지 말아야 해요. 그래서 성폭력 피해자는 기운을 차리고 살아 내고 당차게 걸어 나가야 합니다.

스쿨 미투에 대해 전 학교를 조사하기로 했을 때 특정 교사들이 강하게 거부하며 반대를 했다고 하죠. 의견을 일치시키기 위해 압력을 가하는 것이 옳은 일은 아니나 폭력의 가능성이 있다면 반드시 거쳐야 할 과정이라고 봅니다. 그 과정이 모두에게 힘겹고 어렵게 느껴진다고 해도 지켜야 할 가치는 분명 존재하니까요.

모두에게 성 감수성을 찾는 교육이 되어야 해요. 교사가 제일 예민해져야겠죠. '내가 느끼는 것이라면 아이들도 느낄 수 있겠구나'를 알아야 다른 사람들에게 함부로 하지 않거든요. 실제로 성폭력 경험이 있느냐는 질문에 대한 응답률은 더 높을 수 있어요. 아직도 성폭력이 무엇인지 모르는 사람이 많거든요. 그래서 부모 교육을 할 때도 "우리 때는 다 모르고 겪었는걸요. 웬 유난이래요. 옷을 짧게 입고 다녀서 그런 거잖아요. 조신하지 않아서……"라고 말하기도 합니다. 많은 사람이 겪었다는 것을 보면 심각하다는 뜻이겠죠. 성 감수성이 부족하니까 피해를 만들어 내고 있어요.

더불어 우리는 성 충동을 조절할 수 있도록 가르쳐야죠. 교육 효과를 최대한으로 늘릴 수 있고 피해를 최소한으로 줄일 수 있는 교육을 해야 해요. 그래서 모두가 성적 감수성이 민감해지고 서로 피해를 입히지 않도록 지켜 주는 파수꾼이 되면 이상적이지 않을까요?

생사가 오가는 순간에 "안 돼요, 싫어요, 하지 마세요!"가 얼마나 통할까요? 조선 시대였다면 가족의 명예를 위해 자결을 선택할 수밖에 없겠죠. 현실과 분리된 교육은 의미가 없어요. 아이들한테 콜라는 몸에 '나빠'를 가르치면서 저녁마다 아빠는 콜라를 마시죠. 우리에게 충분한 정보가 제공된다면, 많은 상황을 고려하는 기술과 태도를 갖추었다면 얼마든지 멋진 선택과 결정을 내릴 수 있어요. 개인은 이런 타당성을 갖고 결정한 행동과 결과에 책임을 질 수 있어야 하고요.

성폭력은 피해자가 저항한다고 해서 예방할 수 있는 것이 아니라는 말이죠. 한번 입은 성폭력 상처는 쉽게 해결될 수 없어요. 심리적인 치료, 자신의 노력, 주변인들의 도움이 있으면 정상적인 삶을 영위해 나갈 수 있을까요? 외상 후 스트레스 증후군을 비롯한 불안, 우울증, 신체적 아픔을 동반한 손상 등에서 자유로울 수 있을까요? 성폭력 생존자로 남았기에 우리에게는 희망이 불씨가 되었습니다. 그 불씨를 꺼뜨리지 않도록 조심스럽게 살펴 주세요. 성폭력 생존자에 대한 진심 어린 이해와 함께 살아갈 수 있는 틀을 제공하는 것도 우리 역할이라고 생각합니다. 청소년들에게는 성 감수성을 키워서 자신의 삶을 보호할 수 있도록 가르쳐 주세요.

아이들이 듣고 싶은 말, 듣기 싫은 말 베스트 10

필자가 속해 있는 한국평생교육상담협회에서는 전국의 초등학교, 중학교, 고등학교를 대상으로 폭력 예방 프로그램을 개발하여 교육을 실시합니다. 학교 폭력 예방 수업 중에 아이들이 듣고 싶은 말과 듣기 싫은 말에 대해 토론하게 합니다. 평소에 자신에게 부정적인 이미지를 심어 주는 말이나 행동들이 무엇인지 인지하고 같은 반 친구들 역시 어떤 생각을 하는지 알아보자는 1차적인 목적이 있습니다. 서로 돌아가면서 자신에게 그 말이 상처가 되는 이유와 그 말이 자신에게 기분 좋은 말이 되는 이유를 설명합니다. 토론을 하고 각자가 속한 모둠에서 베스트를 선정합니다.

그다음 각 모둠이 발표를 합니다. 서로 공감하면서 박수를 치고 화를 내면서도 편안해 보입니다. 수업을 진행하는 교사들도 반성을 하고,

새로운 사실에 놀라면서 한편으로는 위안을 삼습니다. 청소년들의 성평등 의식이 어른들보다 높고, 앞으로 성장할 가능성이 있기 때문입니다. 아이들의 생각이 교사들에게 전해졌고, 아이들도 존중받아야 할 인격체라는 것을 교사 또한 배우기 때문입니다. 아이들도 우리와 같은 인권이 있고, 가족과 친구를 사랑하는 마음이 있다는 것을 알 수 있습니다.

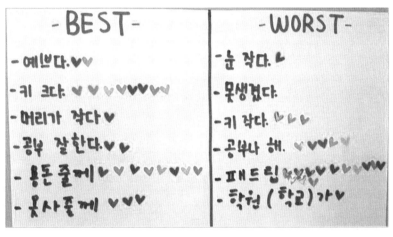

※ 출처: 한국평생교육상담협회

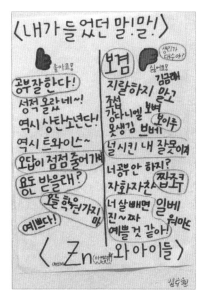

※ 출처: 한국평생교육상담협회

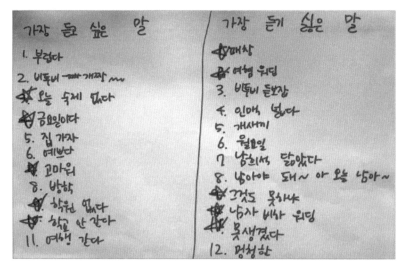

※ 출처: 한국평생교육상담협회

'발칙한' 성교육?
진짜 성교육 이야기를 시작한다

"선생님, 저 여자아이들 치마 좀 보세요. 미니스커트 같죠? 애들이 추운 줄 몰라요."

"추운 것보다 예쁜 것이 더 중요해서 그래요. 추위 때문에 유행을 포기할 수는 없죠!"

"선생님도 저렇게 입어 보셨어요? 저는 한 단 정도 접어서 입어 보았던 것 같아요."

"선생님 촌스럽게 한 번 접어 입는 것이 웬 말이에요. 두 번은 접어야죠. 사실 교복을 두 벌 갖고 있는 친구들도 있을 거예요. 학교에서 입는 것 하나, 하교 후에 입는 것 하나로요."

"선생님 어떻게 다 알고 계세요?"

"아이들과 함께 상담하다 보면 많은 부분을 알게 됩니다."

우스갯소리로 필자에게 장난을 치던 선생님의 표정이 순간 멈칫했습니다.

"진짜요? 하긴 제 친구는 일진이었는데 지금은 회사 대표로 잘나가요. 사람마다 다르기는 하지만 그래도 선생님은 잘 자라셨네요."
"그런가요? 제가 밖으로 놀러 나가고, 친구들 앞에 나가서 노래도 부르고 춤도 잘 추고 싸우러 잘 나가기도 했어요. 가정 폭력을 피해서 집도 잘 나갔어요. 열심히 공부할 때는 발표하러 잘 나가고, 조회 때 상 받으러 구령대도 잘 나갔네요. 그러고 보니 저도 잘 나가는 청소년이었네요. 좋게 보아주셔서 감사해요."

필자가 20대 미혼인 상황이었다면 잘 나가는 청소년 시절이 무슨 자랑이라고 손사래를 치며 내숭을 떨었겠죠. 그런데 여러 사람을 겪으며, 삶이라는 이름으로 다양한 경험을 하고 보니 때로는 발칙함도 용기라는 것을 알게 되었습니다. 특히 청소년들과 교육 현장을 함께하면서 후회보다는 솔직함이 답임을 깨달았습니다. 오히려 아이들이 먼저 진정성이 느껴진다며 마음을 열어 주었으니까요. 교사가 청소년 시절의 이야기를 할 때는 오해를 하지 않도록 상황 설명을 명확히 해야 합니다. 아이들이 궁금한 점을 질문할 때 인정하는 태도와 깨닫게 된 점도 진실되게 나누어야겠지요.

발칙함을 내세운 성교육은 특히 사춘기 청소년들과 부모들에게 환영을 받았습니다. 많은 사례와 필자의 경험담을 듣고 나서 위안을 받았다고 말합니다. 삶에 희망을 갖게 되었다고도 말합니다. 시간이 지나서 묻히면 그만이었던 방황하던 청소년기가 스토리텔링의 소재가 되어 마음을 움직인 것이죠. 성교육을 받는 사람들에게 하나의 동기 부여가 될 수 있다면 고마운 일이라고 생각합니다. 과거에서 배운 값진 성교육 교훈들이 오늘의 견고한 교사들을 만들고 있으니까요.

성교육이 필수 교과가 되는 것이 가장 바람직한 해결책입니다. 뭉뚱그려서 성에 대해 솔직하게 표현하지 못하는 우리 의식을 바꾸기 위해 더욱 노력해야겠습니다.

발칙한 성교육은 청소년들의 마음을 열 수 있는 창구가 되고, 나를 내어 보일 수 있는 여유를 갖게 합니다. 그리고 격렬하게 성장하며 뿜어내는 에너지 덕분에 곤란을 겪고 있는 교사들의 마음을 아이들에게 솔직히 전할 수 있습니다. "선생님, 제가 지금 여기에 있는 이유 중 하나가 저를 믿어 주신 선생님 때문이란 것을 알아주셨으면 좋겠어요. 선생님께서도 친구들에게 의미 있는 단 한 사람이 되어 주세요."

많은 사람, 특히 교사가 먼저 아이들이 가치 있는 삶을 찾아가고 집중할 수 있도록 앞서 나가 대변해 주었으면 좋겠습니다. 어른이 된 제자들이 첫 동창회를 할 때 선생님 안부도 궁금해 하는 그런 교사로 남아 주세요. 결혼할 때 축복을 부탁하거나 아이를 낳고 키우다 삶의 여유가 생겨 감사한 사람들이 생각나는 어느 날, 제일 먼저 떠올라 눈시울을 붉히는 그런 진정한 스승이 되기로 마음먹어 주세요. 결국 교사의 선택에 따라 함께하는 아이들의 내일이 바뀔 수 있으니까요. 아이들에게 희망찬 미래를 그려 보게 하듯이 교사도 아이들의 미래를 밝은 빛으로 물들여 주길 소망해 봅니다.

대한민국에서 '발칙한' 성교육, 진짜 성교육 이야기가 이제 시작됩니다.